なぜかうまくいく人のすごい無意識

メンタルトレーナー・
心理技術アドバイザー
梯谷幸司

フォレスト出版

はじめに

本書を手に取ってくださり、ありがとうございます。
この本では、人生のあらゆる局面において「なぜかうまくいく人」になるための、ある心理技術を用いた具体的方法をお伝えします。

「ビジネスがうまくいかない……」
「年収が上がらない……」
「恋愛、結婚生活がうまくいかない……」
「健康に不安がある……」
「お金がない……」

これらは一見無関係に思えます。

ところが、原因はすべて同じなのです。

本書ではその秘密を解き明かしていきます。

あなたの周りにもいないでしょうか？

仕事、お金、恋愛、プライベート、あらゆる面で「なぜかうまくいく人」。

人生を我が物顔でどんどんと切り開いていく彼らと、平凡な人生を歩む人の差はどこにあるのでしょうか？

その答えが**「メタ無意識」**です。

人間の心にはその人が認知し得ない「無意識（潜在意識）」があり、それこそが人生に影響を及ぼしている……という話はみなさんどこかで聞いたことがあるでしょう。

私が本書で詳しく解説する「メタ無意識」はさらにその奥底にあります。メタ無意識があなたの根本的な考え方のベースとなり、言葉となり、行動となって、人生に影響を及ぼすのです。

メタ無意識はいわば「無意識のクセ」。意識がないだけにコントロールすることは簡単ではありません。ただし、行動から逆引きして、自分の無意識のクセを知ることはできます。そのことによって、無意識のクセを正して、人生を根幹から変化させることができるのです。

私は、コンサルタント、メンタルコーチ、カウンセラー、心理トレーナーとして30年以上活動してきました。ワーナー・エアハードが創始した「エスト」という自己啓発プログラム（ジョン・レノンやカーター大統領に影響を与えたといわれる）を用いた能力開発への参画をきっかけに、ＮＬＰ（神経言語プログラミング）、ＮＬＰを発展させたＬＡＢプロファイルといった技術、知識を駆使して、セミナーやセッションを実践してきました。

これまでコーチやカウンセラーとして、老若男女のさまざまな悩みを解決するお手伝いをしてきました。コンサルタントとして、経営の相談はもちろん、経営者のプライベートや健康上の悩みを聞くこともあります。**現在は、メンタルコーチの育成をはじめ、東京大学大学院が私の心理技術の裏付けをするための研究をスタートしています。**

のべ４万８０００人の方の手助けをしてきたなかで、はっきりとわかってきたことがあります。

それは、物事がうまくいかないのはふたつの要素があるということ。

ひとつは「本当の自分で生きていない」こと。そしてもうひとつは「外部の状況に合わせて柔軟に自分の感情やふるまいを変えることができない」ということです。

そうした「物事がうまくいかない」を解決する鍵となるのが「メタ無意識」なのです。メタ無意識は人を存在させる前提となるもの。そして、人生に起きる現実を入れておく型のようなもの。その型の形次第で、現実に対する解釈・認識が変わり、脳の反応が変わり、呼び起こされる行動が変わり、人生が大きく変わっていきます。

多くの人は現実の内容を変えようとしがちですが、現実が入っている器（メタ無意識）の形を変えた方が、現実は変化しやすいのです。

このメタ無意識は、自分ではなかなか認知しにくい領域ですが、さまざまな手法によってアクセスでき、書き換えることも可能です。

「本当の自分で生きること」と「外部の状況に合わせて柔軟に自分の感情やふるまいを変えていけること」。このふたつのエネルギーを、「この命を何のために使うのか」という目標で束ねて方向を揃《そろ》えると、とてつもない馬力を発揮します。

処女作『〝偽りの自分〟からの脱出』では、「本当の自分で生きること」についてお伝えしました。

本書では、「外部の状況に合わせて柔軟に自分の感情やふるまいを変えていく方法」を中心に、言葉を使ってメタ無意識のパターンを書き換える方法を徹底的にお伝えします。

ビジネスも健康も人生も、すべては「メタ無意識」次第。

メタ無意識が整えば、年収も、ビジネスの成果も、プライベートも、望み以上の結果がおもしろいほど現れます。

勝ち負けや小手先のテクニックでビジネスをする時代は終わりました。

私は、メタ無意識の存在を熟知することで、誰もが自分の本質を生かしながら、思い通りに未来を切り開いていけると信じています。

最初は慣れないと感じることもあるかもしれませんが、読みながら実践してもらえれば、深く実感してもらえるでしょう。

それではメタ無意識の世界へとご一緒しましょう。

『なぜかうまくいく人のすごい無意識』もくじ

第1章 なぜかうまくいかない ——その原因「メタ無意識」とは？

第2章 自分の「無意識のクセ」を知る14のパターン

第3章 うまくいかない真犯人「メタ無意識」を書き換える

第4章 潜在意識を思い通りにコントロールするすごい方法

第5章 あなたの人生をあやつる「言語」と「脳のパターン」の新常識

装丁　小口翔平＋岩永香穂（tobufune）
イラスト　芦野公平
本文デザイン　二神さやか
編集協力　水原敦子
ＤＴＰ　キャップス

第1章

なぜかうまくいかない
——その原因「メタ無意識」とは？

自分で決めたA君と周りの基準で決めたB君の根本的な差

A君とB君は、同じ有名中学に入り、同じ有名高校に進み、同じ一流大学を卒業して、同じ一流商社に就職しました。

A君は社会に出てから活躍していますが、B君は途中でうつになり会社を辞めてしまいました。学歴は同じこのふたり、いったいどこで何が違ったのでしょうか。

そこでふたりにこんな質問をしました。

「A君は、どうしてこの高校を選んだの？」

「僕は将来、こういう仕事をやりたくて、そのためにはこういう企業に入りたくて、その企業に入るためには、この大学に行ったほうが有利だと思ったので、そのために

は この高校がいいと思ったからなんです」

B君にも、同じ質問をしました。

「B君は、どうしてこの高校を選んだの?」

「お母さんがこの高校に行きなって言ってたからです。学校の先生も、ここは君に合うよって教えてくれました」

A君は、やりたいことがあって、そこから学校も自分で決めました。

この傾向を**内的基準**といいます。

それに対してB君は、特にやりたいことがあったわけではなく、進学も就職も、決め手はお母さん基準、学校基準でした。

これを**外的基準**といいます。

内的基準だったA君は社会に出て活躍し、外的基準だったB君は社会に出るとドロップアウトしてしまったのです。

自信の決め手となる自己有能感と自己決定感

自信には、**自己有能感**が必要です。自己有能感とは、行動を起こして目的を達成し、「自分はできる」という感覚のこと。でもこれだけではダメなのです。

会社に入るとみんな忙しく、仕事のトラブルもよく起きます。

「部長、トラブルが起きました！　どうしたらいいでしょう!?」
「そんなもんは自分で考えろ！」

こんなやりとりは日常茶飯事です。
先ほどのA君は、内的基準で育ってきたので自分で考えられます。

「わかりました、自分で考えて何とかします」

こうしてタフに鍛えられていくのです。

それに対してB君は、誰かに指示を出してもらえないと動けません。

「どうしよう……」

そしてまたトラブルが起きます。

「部長はまた自分で考えろと言うだろうし、先輩も忙しそうだし……。どうしたらいいだろう……」

そんなことが度重なって自信を失い、うつっぽくなってしまいました。

自信には、**自己決定感**が必要不可欠です。物事を自分で決めたという感覚です。

そして、自己有能感と自己決定感がワンセットになってはじめて「自信」になるのであり、自己有能感だけでは「自信」はついてこないのです。

メタ無意識は人生の判断基準となる

A君は、自分がやりたいことを自分で決めて達成したから自信があります。

一方のB君は、周りにすすめられたことを選択し、自己決定感が不足したままでした。そして、「この人生はお母さんの望みを叶《かな》えたものであって、自分の望みを叶えたものではない」「これは本当の自分ではない。偽りの自分だ」という感覚、「自信がない」「やりたいことが分からない」といった前提がつきまとい、場合によっては人生を立ち止まってしまうのです。

もしB君がもっと早い段階で内的基準になっていたら、そのあとの進路は全然違うものになっていたかもしれません。

こうして人は、さまざまな判断基準によって、無意識に日常のささいなことを決定していきます。それがビジネスなり健康問題なりといった人生の命運を左右していくのです。この無意識の判断基準を、私は「メタ無意識」と呼んでいます。

図1　内的基準と外的基準

人間の意識には「顕在意識」「潜在意識」そして「メタ無意識」がある

心理学的にいうと、人にはまず五感情報があり、その次に無意識、そして潜在意識、最後に顕在意識があります。

①顕在意識

もっとも表面的なのは顕在意識です。顕在意識は、人が理性で考えるときに使われる意識で、会話や思考、計算など、日常生活を送るのに使われ、私たちが容易に知覚できる領域です。

②潜在意識

その奥にある潜在意識は、私たちが知覚することのできない領域です。眠っているとき、没我状態の時、ぼーっとしているときに活性化される意識であり、顕在意識に大きな影響を与えています。

しかしここで、私にとって長年疑問がありました。

「では、何が、潜在意識に固有の感情や信念、思考を作らせてしまうのだろうか」

やがて、潜在意識の奥にはさらに何層かあり、それが潜在意識に影響を与えていると気づきました。それが無意識だったのです。

潜在意識を入れる器が「メタ無意識」

さらに無意識の奥には**五感情報**があります。

五感情報とは、視覚、聴覚、触覚、嗅覚、味覚を通して、外部の情報が「なんとなく」という感覚として保存されている、整理されていない生の情報です。

無意識と潜在意識は混同されがちですが、同じものではありません。

そこで私は「無意識」に、「超えたところの」という意味である「メタ」という言葉をつけて「メタ無意識」と名付け、潜在意識から離れた存在として使い始めました。

メタ無意識は、潜在意識を入れる器みたいなものです。

器次第で見え方が変わってしまうのです。

コカ・コーラを普通のコップに入れればコップの形に見えますが、ミッキーマウスの形のグラスに入っていたらミッキーマウスの形に見えます。

中身は同じでも入れ物が違えば、見え方は変わってきます。

この器（＝メタ無意識）こそが、人生の中のさまざまな現実を作り出す思考などの前提となる「形・器」なのです。

図2　人間の意識の層とメタ無意識

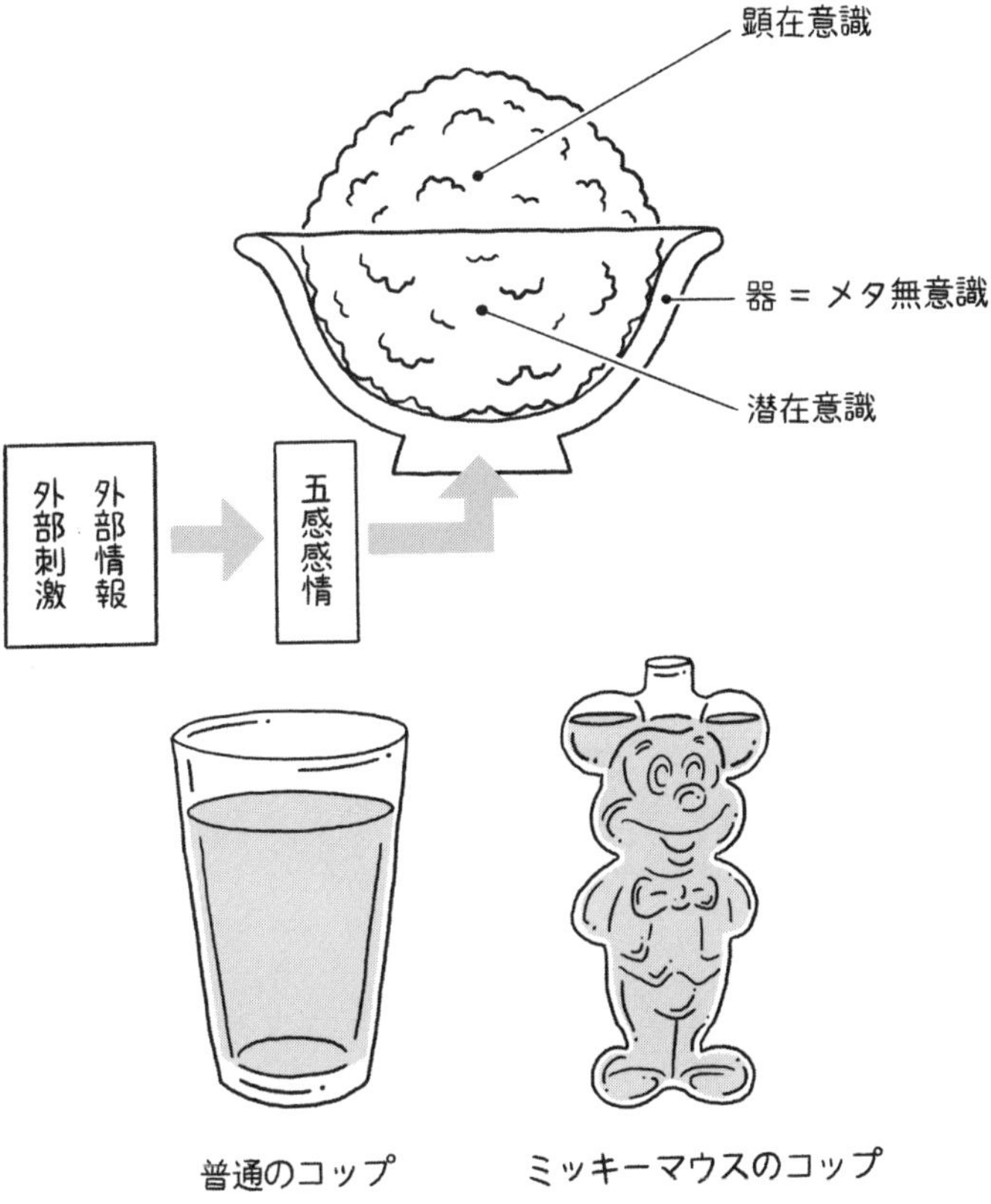

中身は同じでも見え方が違う

「メタ無意識」はあなたの目に見えない看板になる

誰もが「私はこういう人だ」という見えない看板を背負っていて、それが実際に本人の現実に影響を与えています。

……私がそう言っても、信じられないという人もいるかもしれませんね。

あるスピリチュアル・カウンセラーのケース

私は、対人支援や経営のスキルを参加型のセミナー形式で提供する「シークレット・スライト・オブ・ランゲージ」というプログラムを開催しています。コース料は決して安くはありません。あえて高額に設定しています。なぜなら、本気で変わりたいと決意した人だけに参加してほしいからです。

そこに最近スピリチュアル・カウンセラーの方が参加してくれました。そのころの彼の売上は月20万円ほどで、スピリチュアル業界にありがちな、あまり売れていない状態です。起死回生をはかり、なけなしのお金をはたいて私のプログラムに参加してくれました。

無事卒業した彼は、早速SNSのライブ配信システムを使って、オンライン上で1回2時間5万円のプログラムを売り出すことにしました。

その結果、1日に80人、つまり400万円をいきなり売り上げたのです。

プログラムの内容は、壁を背景に、淡々とスピリチュアルのことについてしゃべっているだけで、何も特別変わったことはやっていませんでした。

では彼は何をしたのでしょうか。

「前提」を変えると現実が変わり始める!

もともと彼は喘息《ぜんそく》持ちで、普段から咳がひどい状態でした。咳というのは、喉まで出かかっているのに言っていないことがあるときの身体表現です。

そこで私は彼にこう尋ねました。

「これまで何か誰にも言っていないことがありますか？」

するとと彼の記憶のなかから母親との関係が出てきて、「幼いころもっと愛してほしかったのにかまってもらえなかった」という思いが出てきました。

そして「いかに母親の気を惹《ひ》くか」ということに30年間も費やしてきたことに気づいたのです。

「なんてバカバカしいことをやってきたんだろう。いい大人なのに」

そう思った彼は、母親の気を惹くためではなく**「自分は世の中にスピリチュアルなものの価値をもたらしたいんだ」**という思いがあることに気づき、そのために動きだしたのです。

新たな意識で、行動の前提を切り替えてウェブセミナーを開催したところ大成功を収め、その後も東京、大阪、福岡で説明会もして、何十人も人が集まり始めているというのです。

図3　自分の前提を変える

たまたま彼には、スピリチュアルなことをやりたいという思いがありました。でもこれまでは「お母さんというひとりの人の気を惹くためにやる」という看板でした。

それに気づいてから、シンプルに「私は、世の中の人を相手にしていく」という看板に掛け替えたのです。

メタ無意識の焦点をどこに当てるのか、気づいて、変えただけ。

このように自分の前提、背景を変えると、受け手の印象がガラリと変わります。そして本人に変わった意識がなくても、現実が変わり始めます。これがメタ無意識のおもしろいところで、メタ無意識の形に合うように現実が加工されていくのです。

他人のメタ無意識を読み取るミラーニューロン

安倍首相の国難突破解散の背景こそがメタ無意識

２０１７年、第３次安倍改造内閣は衆議院を解散。このとき政府は加計学園問題、そして南スーダンの平和維持活動の日報隠蔽問題に揺れ、北朝鮮との緊張は続いていました。なぜこの時期に選挙なのかという空気が充満する世論。

そんななか、首相官邸の演壇に立った安倍首相は、「この解散は、『国難突破解散』であります」と断固とした口調で述べました。この日の記者会見は、濃いブルーのベルベット製のバックカーテンが選ばれました。

この重厚な背景だったからこそ、安倍首相の話には信ぴょう性が感じられました。

もしこのとき、秋葉原のメイドカフェで女の子たちが接客している様子を背景に、安倍首相が「この解散は、『国難突破解散』であります」と言ったとしたらどうだったでしょうか。「この人を首相にして大丈夫だろうか？」と誰もが思ったかもしれません。

話す人も内容も同じだとしても、その背景で人は無意識に判断してしまうのです。その背景がメタ無意識です。

メタ無意識に何が書かれているのか、自分ではわかりません。

しかし、周りの人々はそれを無意識で感じ取り、反応してしまいます。

もし「自分は絶対やる人だ」と書き込まれていれば人は「この人は絶対やる人だ」として扱いますし、「自分はダメな人です」と書き込まれていれば「ダメな人」として扱ってくれます。

当然、それに沿った現実が現れます。ですから私たちは、自分に対する他人の反応や引き起こされる現象面から、自分のメタ無意識を判断することができます。

脳は相手の「心」に共感する

ではなぜ、人は無自覚にメタ無意識に書き込まれたセルフイメージを読み取ってしまうのでしょうか。

それは、霊長類の脳内にある**ミラーニューロン**という神経細胞が作用しているからです。

ミラーニューロンは、他の個体の行動を見て、まるで自分が同じ行動をとっているかのような「鏡（＝ミラー）」に近い反応をします。

ミラーニューロンは、他人の行動を見ることで、その人の考えや思いを我が事のように感じる共感能力をつかさどっていると考えられているのです。

これは20年以上前、イタリア・パルマ大学で偶然発見されたものです。サルの脳に電極を刺して実験をしていたところ、人が手を動かす姿を見て、サルの脳内の手を動かす神経が反応していたのです。同じく霊長類である人も、目で見た動作や表情を、自分の脳内で再現し、相手の心を読んでいると考えられています。

種の保存のため、生き残るためにあるこの機能が、相手の動きを鏡のように映し出し、同調して体験し、「この人は大きな目的でやっている」「この人は何か個人的な目的のためにやっている」などと、相手の背景をキャッチするのです。

図4　共感するミラーニューロン

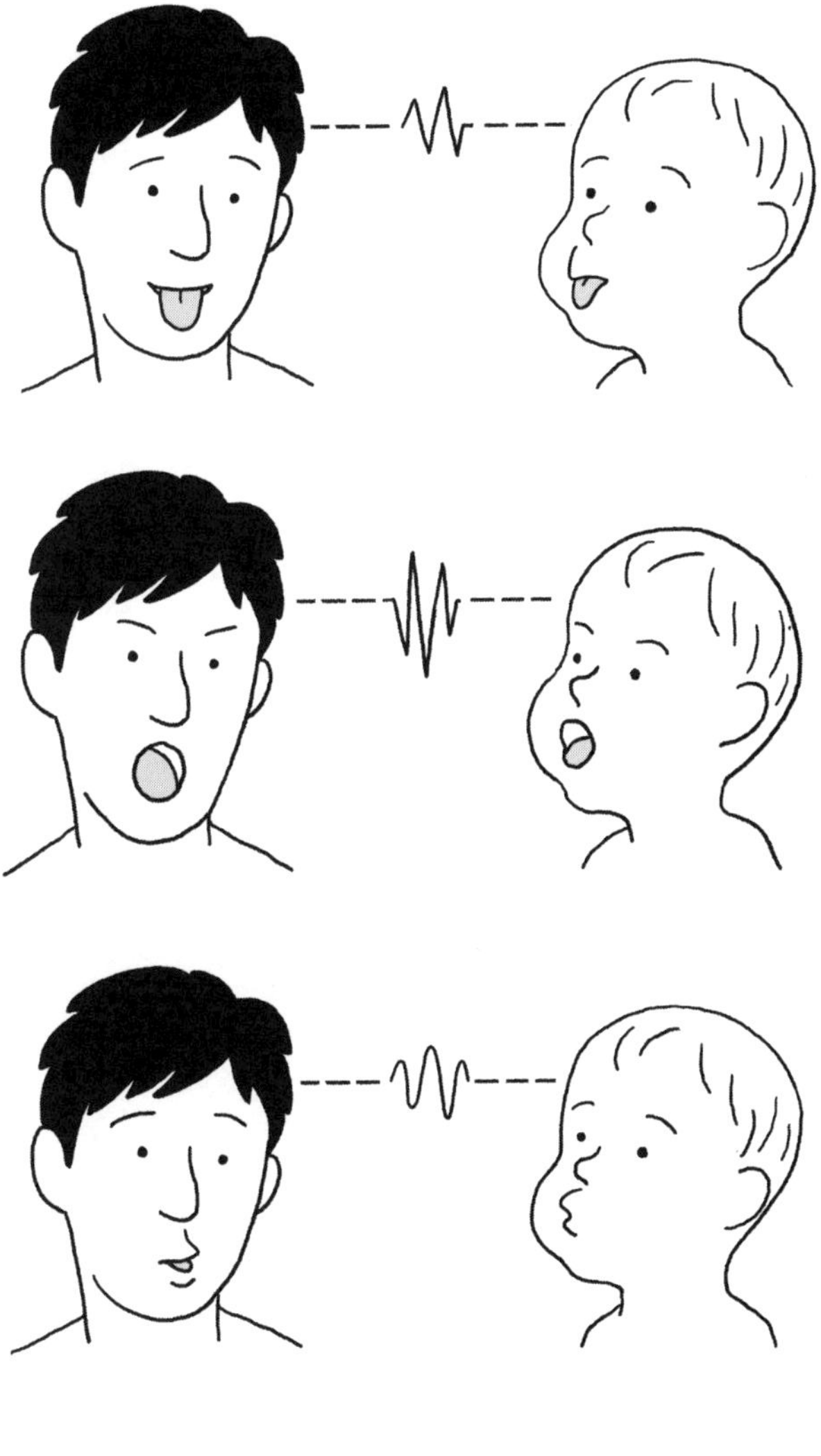

柔軟に変化して生き残りをかける遺伝子

では、このメタ無意識はどのようにして作られてきたのでしょうか。

ひとまず、私たちがどのように進化したのか、種の起源まで遡《さかのぼ》ってみましょう。

遺伝子は容易に内容を変えられない

約20万年前、東アフリカで現生人類が誕生しました。彼らはやがて世界に散らばり、さまざまな土地で集落を作ります。そして根付いた環境によって、「こういう場合はこんなふうに食べ物を取るんだよ」「これは毒だよ」「こうやって雨風をしのぐんだよ」と、生き残りのための知恵を身につけていきます。

生物にとって、種の保存は大命題です。

何かことが起きるたびに、新しい情報についてその都度考えていると脳は疲れます。

こうした消耗を防ぐため、図書館に保存するように、情報が遺伝子に書き込まれるようになりました。それが後世に伝えられ、人類は繁栄へと向かいます。

遺伝子とは、DNAの塩基配列に遺伝情報が書き込まれた部分のことです。遺伝情報は、種の保存のために後世に伝えてゆくべきものですから、その内容は容易に変えられない仕組みになっています。

ふるまいを変える「もうひとつの遺伝子」

しかし、東京大学の池谷裕二博士は「もうひとつの遺伝子がある」と言います。**遺伝子を構成する細胞の核を取り巻くタンパク質の膜が、環境や状況に反応し、都合のいいほうにふるまいを変える**というのです。

たとえるなら、音楽がわかりやすいでしょう。楽譜に書かれた音符は同じでも、ギターで弾くのとピアノで弾くのとでは、受け手の印象がまるで変わります。同じ曲でも、この演奏のほうがベストだと判断すれば、表現方法は変えられます。

「もうひとつの遺伝子」にはそんな性質があるそうです。

「もっとも強い者が生き残ったわけでもなく、もっとも賢い者が生き残ったわけでもない。唯一生き残れるのは変化できるものであった」

チャールズ・ダーウィン

まさにダーウィンの『進化論』の本質です。つまり「遺伝子」は、生き残るために柔軟に変化していったのです。

従来の生物学や遺伝子学では、遺伝子が影響を受けるのは、気温や地理や気象といった、物質レベルの環境にとどまっていました。私はそこに見落としているものがあるように感じていました。

遺伝子が反応しているのは、物理的な環境だけではない。

実は、人を動かしている文化やルールに反応して、遺伝子は勝手にふるまいを変え、遺伝子に書き込んで後世に伝えるメカニズムが、最新遺伝子学の研究でわかってきたのです。

そこで私が着目したのは、外部をどうとらえているのかという**内的環境**でした。

人を超えた意識であり文化やルールが心＝メタ無意識

内的環境とは「外部をどのようにとらえているのか」ということです。

たとえば**「世の中は思い通りにならない」**と信じ込んでいれば、世の中はその通りに見えますから、**「世の中は思い通りにならない。危険だからじっとしていよう」**と考えてしまうわけです。

それに対して、**「いやいや、世の中思い通りにならないから面白いんだ」**という信じ込みがあれば、アクシデントが起きても**「何か面白いことが起きている。さてどうしよう？」**という思考と行動になります。

こうした内的環境＝信じ込みは、メタ無意識という器の中に入った潜在意識です。

この信じ込みに反応して、人は感情や思考を生み出します。その反応を見ながら、遺伝子は生き残りをかけて、どの情報を書き換えるのかを決定するのです。

心はメタ無意識に宿ります。

そして人間は、脳が体を動かしている側面もありますが、じつは脳が身体の動きを察知して状況を判断する側面もあることが脳科学的に明らかとなっています。

いったいどういうことか。「ペンを持つ行為」を事例にして説明しましょう。

脳科学で「ペンを持つ行為」を因数分解してわかってきたこと

ここで皆さんに1つ質問をします。

紙に何かを書こうと思って「ペンを持つ」とき、次のような要素や脳の動きなどがあります。

①「ペンを持とう」とする意志

②「ペンを持つために身体のどの部位をどう反応させて、どう動かすか?」という脳内での準備

③「ペンを持て!」という脳から身体の各部位への指令

④「あっ、ペンを持ったな」という視覚的な認識や、「ペンを持った!」という身体

図５　「ペンを持つ」ときの身体と脳の関係

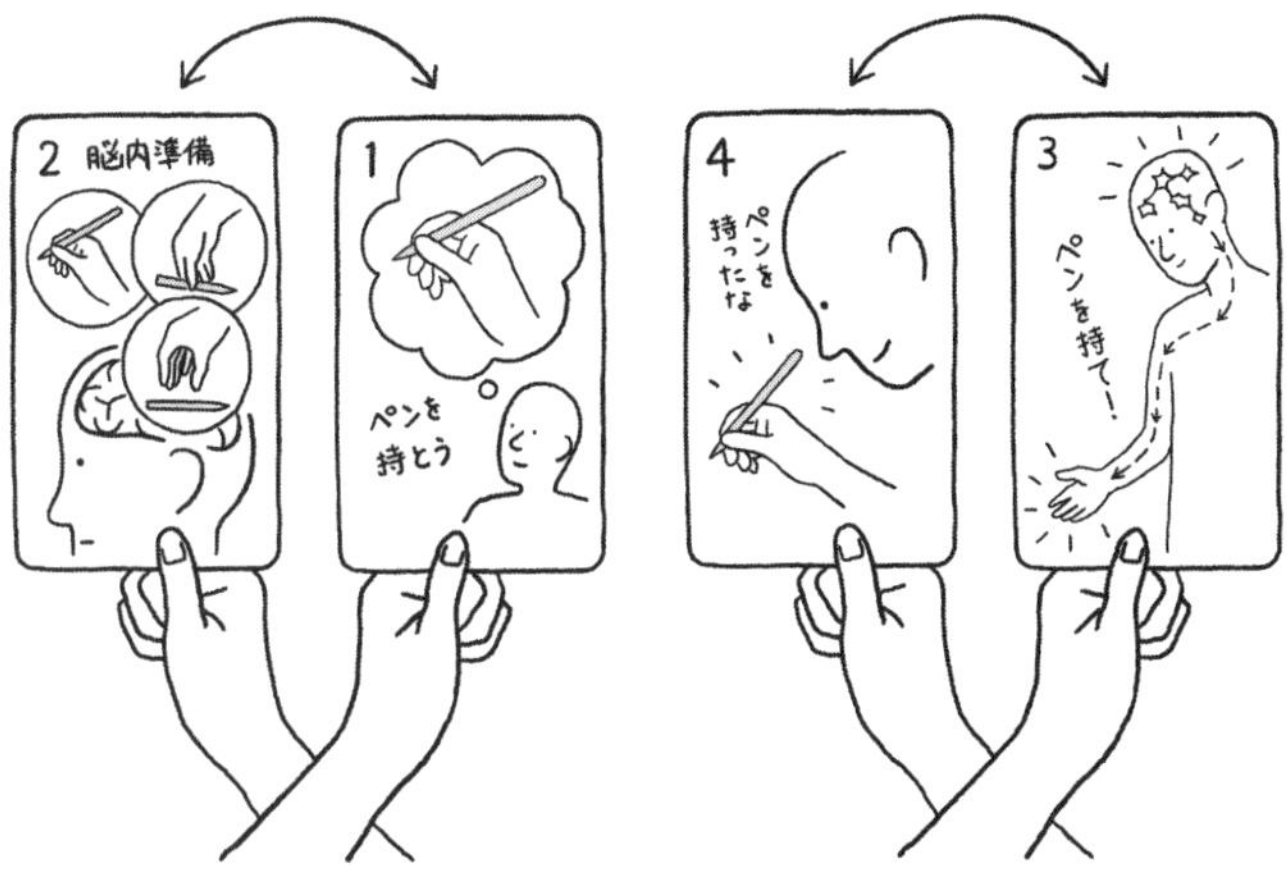

感覚

そこで質問です。

紙に何かを書こうと思い「ペンを持つ」ときに、上記①〜④の意識や脳の動きが、どういう順序で動いていると思いますか？　そして、どうしてその順序だと思いますか？

ちなみに、私は、そのまま①→②→③→④の順序だと思っていました。

しかし、脳科学の実験で確かめていくと、実際には②→①→④→③の順序で動くということがわかってきたのです。

つまり、**「ペンを持とう」とする意志を持つ前に、何かの指示により、脳内ですで**

に準備が始まっているのです。脳科学の実験では、これから起きる出来事を脳は数秒前に察知しているということもわかってきています。

では、何の指示に脳は反応をしているのか？

それがまさに「メタ無意識」なのです。

情報を取捨選択する濾過《ろか》フィルターとしてのメタ無意識

たとえば、日本では音を立ててラーメンやそばをすするのは普通ですが、海外の人達は音を立ててラーメンやそばをすするのを気持ち悪いという人も多くいます。また、キリスト教の文化圏、イスラム教の文化圏、仏教の文化圏では、そもそも「何がよい、何が悪い」などの定義がそれぞれ違っていたりします。

そこで、「何かをやるか、やらないか？」「これが正しいか、正しくないか？」などを判断する際、また、自分のところに飛び込んでくる多くの情報を処理するときに、

「これはキリスト教の文化に合っているだろうか？」

「これは私の文化においてマナー違反じゃないだろうか？」

「これは自分が信じていることや価値観に合っているだろうか？」

といちいち毎回考えていたら、疲れてしょうがありません。

そこで脳はエネルギー消費を少しでも防ぐために、

「そもそも世の中はこういうもの」

「だから、そういう文化・ルールに合うことはやるし、合わないことはやらない」

「そもそも、こういう形の情報は自分が信じていることや価値観に合っているからキャッチするけど、こういう形の情報は自分が信じていることや価値観に合っていないから、できるだけ排除する」

というように、**自分に合った情報を取捨選択する濾過《ろか》フィルター**を、自分の外側につくっておくのです。

そして、その濾過フィルターを通り抜けてきた情報だけを認識し、吟味し、判断し、そのあとに、潜在意識や顕在意識での個人それぞれの意志が出てくるというわけです。

これから起きる出来事を脳は数秒前に察知し、判断し、脳内で動く準備を始め、その後に人間の意思が追いかけてくる。これは、先ほどの「ペンを待とう」と意図する前に、脳内で準備が始まることと同じメカニズムです。

確かに、これで脳のエネルギー消耗は防げるでしょうが、しかし、「そもそも世の中ってこういうものでしょ」という信じ込みの元になっている文化やルール、濾過フィルター機能としてのメタ無意識の形が、その人の望む現実に合っているかどうかは別な話です。

ビジネス、対人関係、恋愛や結婚、病気など、人生にはさまざまな障害が生まれます。その原因は、人間が意志を持つ前に、情報を取捨選択する濾過フィルターとしてのメタ無意識の形が望む状況に合っていないこと、そして、望みに合ったメタ無意識の構成パターンを脳に学習させていないことなのです。

その「あたりまえ」は どこから生まれましたか？

以前、『日経サイエンス』にこんな実験が掲載されていました。
アメリカの大学で、アジア人の女子学生に、数学のテストを実施した実験です。
テストの直前、教授は学生たちにおかしな一言を口にします。

「女性は男性より数学の能力が劣るよね」

すると女子学生たちの点数は、通常より下回っていました。
しばらく経《た》って同じ学生たちに、再び数学のテストを実施しました。
今度はその教授がこう言います。

図6　先入観の罠

「アジア人は他の民族より数学の能力が高いよね」

その結果、アジア人の女子学生たちは通常より上回る点数を獲得しました。

これは、**能力を発揮するかどうかは、本人の実力以外の何かが作用している**ということを確かめるための実験でした。

そこでわかったのが、いわゆる**「先入観の罠《わな》」**が人を大きく左右するということだったのです。

先入観の罠とは、他人が、自分に対して、また自分が所属しているグループに対して、どういう先入観をもっているかを知ってしまうと、人間はそれに合わせて演じようとする、**人間の無意識の反応**のことです。

女性だったらこうだよね、アジア人だったらこうだよね、男性だったら、○○会社の社員だったら……というイメージがあると、誰もが無意識にそれに振り回されてしまうのです。

ビジネスの成績も同じです。他人がどう自分を見ているかに振り回されてしまうことが非常に多いのが事実です。

ところが、他人があなたをどう見ているかどうかは、本当のあなたとはまったく関係ありません。

私たちには非常に多くの「あたりまえ」があり、それにいつも振り回されています。

そのあたりまえのほとんどが、先入観の罠によって作られているということを心得ておくべきです。

成功者は「あたりまえ」が凡人と違う

日本経済新聞社が出しているマーケティング専門誌による２０１５年のアンケートがあります。

ちょうどこの年は、安保法案が可決するかしないかと騒がれました。消費税は、10パーセントに引き上げと言われていたのが、景気を見て判断し、８パーセントに据え置かれました。また東芝不正会計問題やドイツのフォルクスワーゲン社の排ガス不正データなど、大企業の不祥事も多数報道された年でもありました。

そのアンケートは次のようなシンプルなものでした。

低所得者層、中所得者層、高所得者層それぞれに**「今、何に興味関心がありますか？」**と聞いたのです。

低所得者層に関心があることは、消費税問題と年金問題。身近なお金のことに関心がありました。中所得者層になると、消費税問題、年金問題に加えて、安保法案や、大企業の不祥事、政府の問題が上位3位を占めました。自分の正しさを証明するために、その対比として「悪者」「戦う相手」が欲しいわけです。

高所得者層は「自分の正しさ」を証明することに関心がない

面白かったのが高所得者層の回答結果です。

政治や大企業の不祥事に興味のある人は2パーセントくらいしかいませんでした。

彼らの興味関心があったのが、**「1位　健康づくり」「2位　旅行」「3位　孫と遊ぶこと」**というきわめて個人的なことでした。

それを見たとき、私は「なるほどな」と思いました。

時代の常識とは、圧倒的多数の人たちの意見です。中所得者層は圧倒的に多数派です。つまり常識というのは中所得者層が使う考え方であって、そこに留まり続けることは中所得者層どまりなのだということ。

圧倒的多数の層は自分の正しさを証明するため、誰かを悪者にしたがります。

まだまだ世の中には「こうあるべき」で動いている人が少なくありません。テレビ

図7　低所得者層・中所得者層・高所得者層の関心の違い

も週刊誌も、叩《たた》いてもつぶれない材料を引っ張り出して叩きまくる。そのほうが視聴率が取れて雑誌も売れるからなのでしょう。世間とマスコミが一緒になって煽《あお》っています。

この「正しいか正しくないかにこだわる」というのは脳のフィルターのひとつです。そして、自分が正しいことを証明するためには悪者が必要です。身近な人を叩くと争いになりますから、政府や大企業の不祥事やスポーツ界のパワハラ問題などを取り上げて、「悪者」を責めるのです。

高所得者層は「こうあるべき」というメタ無意識はほとんど使いません。そもそも正しさを証明する必要がないとわかってい

ます。誰かと戦う必要はなく、誰かを悪者にする必要もない。自分のやりたいことをやるだけです。

どの基準で物事を見るか、というのはメタ無意識の領域です。世の中の大多数と同じメタ無意識で世の中を見るのか、それとも効果的な結果の出るメタ無意識で世の中を見るのかで、自ずと違う結果が出てくるのです。

「見えない何かに動かされている」という前提を取っ払う

大企業の不祥事などの報道を見ていると、発端はちょっとしたことから始まっているのがわかります。これは**「ゴミをまたぐ」**という状態です。

ゴミが下に落ちているのがわかっているけれど、またいでしまおう。そんな感覚で、ちょっとしたことをまたいでしまっているのです。ゴミがあることを隠して、取り返しのつかないことになってしまう。そして突然、急に明るみに出るのです。

大企業に限らず、個人の人生でも「あの時ちゃんと対処していれば」と後悔することは少なくありません。

人は目の中に入ったゴミはすぐに取ろうとするのに、なぜ、心の中のゴミはすぐに取ろうとしないのでしょう？

「ゴミを拾う」ということは極めて重要な行為です。

ゴミが落ちているのにまたいでしまうのは、「今忙しいから」「先にやらないといけないことがあるから」と、意識が他に逸《そ》れてしまうからです。

実は、人にこういう反応を取らせるパターンがメタ無意識にあります。「見えない何かに動かされている」という誤った前提です。

成功者が身につけていた「大前提」とは?

誰しも、感情のテンションが高いときもあれば低いときもあります。身体の調子がいいときもあれば病気のときもあります。

「なんとなく気分が晴れないのは、○○○のせいかもしれない」
「体調が悪いのは、○○○が原因かも」

つねに見えない何かに支配されているため、「どうにもできない」と思ってしまいがちです。普通の人は、感情も身体も役割も自分の望みも、自分と同一化しています。

このように、「見えない何かに動かされている」という前提・感覚の人もいれば、

「感情も身体も役割すらも私自身ではなく、私が管理し、コントロールするものだ」という前提・感覚の人たちもいます。

感情も身体も、何か問題があれば、そのときに処理していくことで、**「身体も感情も自分でどうにかできるものだ」**と思えるようになっていきます。ゴミをまたがずに拾うことで、人生を自在にコントロールする力を鍛えているのです。

時代が変われば役割は変化しますし、会社でも昇進すれば役割は変わります。自分が本質的にどこに向かうのかさえわかっていれば柔軟に変化していけます。感情や身体や役割に同一化していると、それらに振り回され、「本当の自分」というものがわからなくなってしまいます。

物事がうまくいく人は、感情も身体も役割も望みですらも、「これは本来の私ではない」ということを理解しています。これらはすべて私の欲しいものを手に入れる道具でしかなくて、「その道具を私は管理しています」という前提・感覚なのです。

これを、**感情や身体、役割から脱同一化する**と表現します。

「偽りの自分」を無意識に選んで生きてしまう原因

私はいま「言葉で病気をやめさせる」という研究を行っており、毎日さまざまな方がセッションを受けに来られます。

そのなかには働き盛り世代も少なくありません。そしてセッションに来て、彼らはこう言うのです。

「私の人生がうまくいかない原因って何なんでしょうか？」

そこで私はこう答えます。

「ひとつは資本主義が原因でしょうね」

メタ無意識が何かを判断するとき、本当の自分としての生きる目的を判断基準にするのか、世の中のルールで判断するのか、というふたつの選択があります。

資本主義は大量生産大量消費が前提で、いかに効率よく動き稼ぐかというルールが前提にありました。そのルールのもとでは、歯車として働く人が必要でした。効率よく動く歯車になれない人は、社会から弾《はじ》かれ、仕事もなく、生活できなくなる。そのため、歯車になるために自分の価値観を放棄して、社会の価値観に沿って生きることを選択せざるをえません。

これまでの社会であれば、「世の中のルールで判断する」生き方でしのげてきました。同時に、自分のやりたいことがわからないという人が増えたのは、ここ30〜40年だと思います。

高度経済成長期は、戦後の何もない時代から、安全で豊かな社会を作りたい、這《は》い上がってやるという勢いがありました。しかし、資本主義のルール基準下ですから、自分の価値観を放棄し、偽りの自分で生きざるを得ません。

ところが、もはや時代は変わりました。いま安全で豊かな日本で暮らす我々は、改めて「自分はそもそも何のために生きたいのか?」という本質的なテーマに向き合う

必要に迫られています。

そうでなければ、ビジネスや健康に支障をきたす時代に突入したのです。

これからの時代の評価基準はお金や知識ではない

経済のメガサイクルは、経済政策学という学問で研究されてきたテーマでした。

まず農業中心の時代があります。これを**農本主義**といいます。土地の大きさで農作物の取れ高も変わりますから、農本主義は、地主がどれだけ土地を持っているかが評価対象です。

次に産業革命が起こり、**資本主義**が始まります。資本主義の時代は、どれだけお金を持っているかが評価対象です。そこで必要になるのは、コミュニケーションスキルやお金を稼ぐ能力になります。

そのあとに情報革命が起きて、**知識主義**が来ると説かれています。マスコミの台頭から始まり、インターネット、そしていまや人工知能が登場しています。知識主義は、どれだけ情報を持っているか、どれだけ情報を扱えるのかが評価対象。まさにいまの時代です。

そしてそのあとに来るのが**感性主義**です。

感性主義の評価対象は、お金や知識などではなく、「どういう意志を持っているか」「あなたは何をしたい人なのか？」ということで評価される時代です。

それが終わると、意識革命が起きて、文化主義が来る。文化主義になるとどんな世界になるのか、私にも見当がつきません。

文化主義のあとは説かれていないため、地球滅亡説などさまざまな説も飛び交っています。

そのなかで感性主義は2030年くらいから始まるだろうと考えられていました。しかし私の印象では、2011年の東日本大震災をきっかけに始まったという感覚があります。というより、感性主義が始まるためには、あの震災が必要だったのではないかとさえ思われるのです。

その根拠もあります。ビジネスのジャンルに親孝行消費という分野があります。親孝行するときに何を消費するかというデータをとっているのです。そこで「親孝行するとき何をしますか？」という質問に対して、東日本大震災以前は「花束をあげる」「旅行券をあげる」といった、何か物をあげることが多かったのです。

そして、東日本大震災のとき、「絆」がキーワードになりました。その震災以降、「親孝行するとき何をしますか？」という質問に対して、「一緒に食事をする」「一緒に旅行する」といった絆を感じるような消費が一気に増えてきたのです。

そのとき、すでに感性主義が始まったと私は気づきました。まさにモノ消費からコト消費に移り始め、流れがはっきりしてきたと感じたのです。

また、震災以降、経営者のみなさんが「世の中のルールが変わった」と言います。個人の好みがあまりにも多様化し、大量生産大量消費が通用しなくなったのです。誰もが「俺はこれをやりたい」「私はあれをやりたい」とそれぞれが言い始めたからです。

世界的に起こっている時代の変化をつかむ

感性主義の萌芽《ほうが》は日本だけではありませんでした。

それは、2016年の大統領選に勝利し、翌年ついにドナルド・トランプ氏が第45代大統領になったことです。

大統領選のさなかでは、誰もトランプ氏が勝つとは思っていませんでした。しかし現実には勝ってしまった。世界を象徴するような国アメリカで、低所得者層の人たちが声を出し始めたのだと私は思いました。

「クリントンさんが大統領になっても何も変わらないし、先が見えている。トランプさんよ、あなたは劇薬で何をするかわからないけど、とりあえずイチかバチか、アメリカを1回壊してくれ。流れを変えたいんだ」

社会の底辺からこうした声があがった。そんな印象がありました。

感性主義はまさに所得や地位に関係なく、みんなが自分のやりたいことをやりたいと言い始める時代なのです。

このように、感性主義特有のわかりやすい現象が起きてきました。

農本主義から知識主義の時代までは、他者基準で生きる「偽りの自分」のほうがうまくいきました。なぜなら本来の自分を押し殺し、社会のルールに合わせればよかったからです。

図8　農本主義から感性主義へ至る時代の流れ

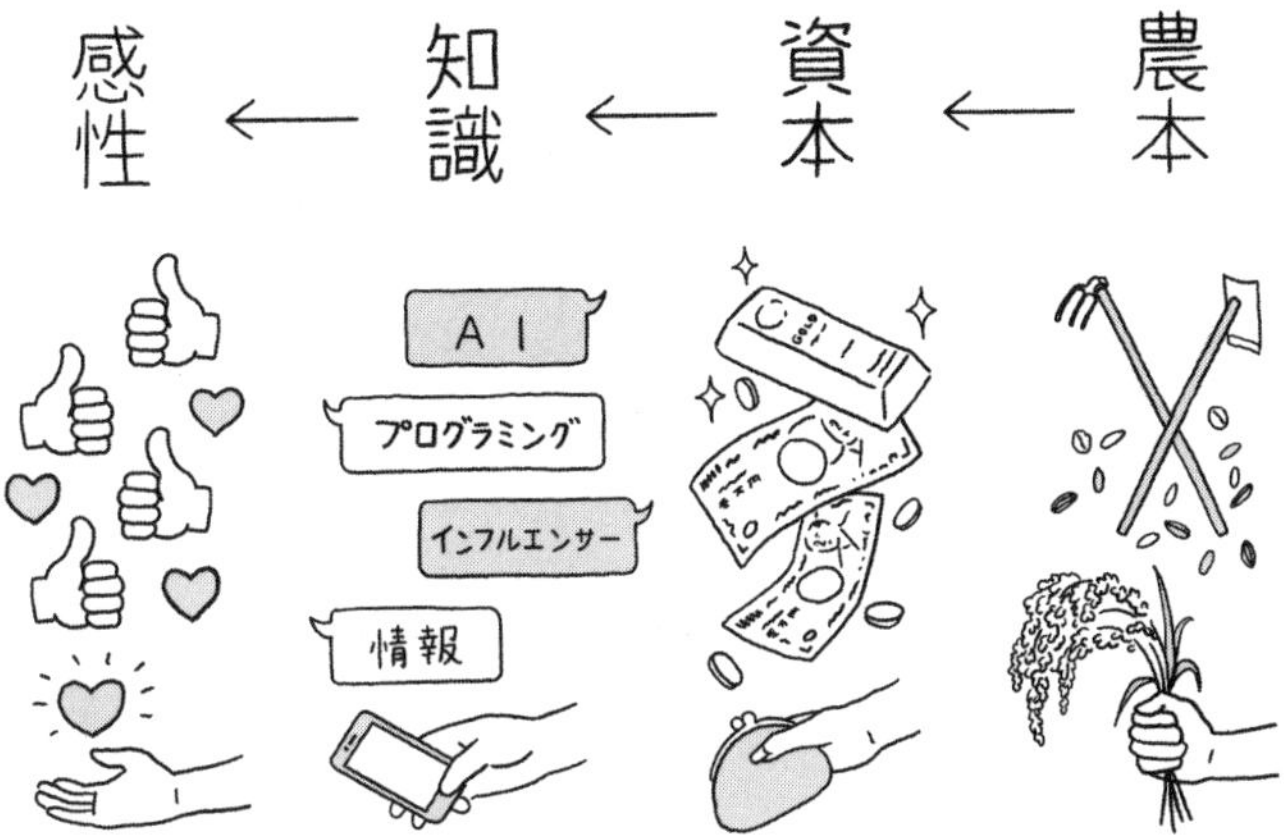

しかし感性主義になると、それではうまくいきません。

「あなたはどう生きたいの？」
「どういう生きる目的を持っているの？」

このように問われるからです。

そこで「メタ無意識」の重要性が浮上してきます。

メタ無意識には、「自分をどのように見せるのかという器」の役割と、「外側の世界をどうとらえ、どのようにふるまうのか、方向性を決定する」という役割があります。

メタ無意識が他者基準だと「本来の自分」が何だったかぼやけてきますが、自分基準なら自分がどう生きたいのか明確になります。過去に焦点が当たっていると正しさばかりを追求しますが、未来に焦点を当てると自分のやりたいことを実現することができます。体験の心地よさだけを求めればゴールは難しくなりますが、目的に意識を向ければゴールはたやすくなります。

こうしたメタ無意識のパターンを知ること、そして自分の思考や言動に自覚的になり調整していくこと。この積み重ねによって、自分のやりたいことが明確になり、目的がスムーズに実現されるようになります。

この生き方こそがまさに感性主義的といえるのです。

それでは次章で、メタ無意識の14のパターンと事例を見ていきましょう。

第2章

自分の「無意識のクセ」を知る14のパターン

自分の「無意識のクセ」を知る方法

メタ無意識にある意識パターンを**メタプログラム**といいます。メタ、つまりより高次の視点から見たプログラムのことです。

メタプログラムは、外の情報をとらえるときのフィルターであり、メタ無意識を形作り、現実世界を方向づける重要な存在です。メタプログラムのパターンをマスターすると、人生を思い通りに作っていくことも可能になります。

ここで紹介するメタプログラムはＮＬＰのメタプログラムをベースにしています。

ＮＬＰ（神経言語プログラミング）とは、１９７０年代のアメリカで、カリフォルニア大学に在籍していた言語学者のジョン・グリンダーとリチャード・バンドラーによって創始された、実践的な心理技術のひとつです。卓越した心理療法家らをモデリングし、効果的な言葉の使い方を体系化したものです。ＮＬＰのメタプログラムに特化して発展させたのが、ＬＡＢプロファイルです。

ＮＬＰ・哲学・禅をパターン化

私のメソッドは、30年近いコンサルタントやメンタルトレーナーの経験をもとに、ＮＬＰやＬＡＢプロファイルからさらに発展させ、また古代の哲学書や禅で示していることを、パターンとして整備し名前を付けてわかりやすくしたものです。

まずどんな意識パターンがあるのか、そして自分がどのパターンを使っているのかを知ることから始まります。それから、自分がどちらの方向に行きたいのか見定め、最適なパターンを選択するだけです。そのときに引っかかってくる感情は、メタ無意識が作用してしまっているだけなので、不都合であればメタプログラムのパターンを変えればよいのです。

人生において現実の中身を何とか変えようとするより、背景のメタ無意識のパターンを変えた方が、現実は変化しやすくなります。

どのパターンがいい悪いはありませんが、この状況ならこのパターンがうまくいく、というのはあります。もちろん全般的にこちらのほうがいい、というのもあります。

図9　メタプログラムは外界を映すフィルター

どちらを選択するかで、物事の流れが全く変わってしまいます。

要は、メタ無意識がどちらを向いているかだけなので、ケースバイケースで使い分けていけばよいわけです。それがまさに脳のフィルターを着替えるということなのです。

数あるなかから、これだけ調整すれば人生はほぼ思い通りになるというメタプログラムの14のパターンをご紹介します。まずはどういうパターンがあるのか、ざっくりとらえてください。

パターン① 主体性
【主体行動型・反映分析型】

主体行動型＝何かをしようと思ったとき、すぐ行動に移すパターン
反映分析型＝何かをしようと思ったとき、「どういう結果になるか」を考えたり、「うまくいくかどうか」を調べたりしてから行動に移すパターン

一般的に主体行動型のほうが能動的に動けるので断然よい結果になります。

しかしビジネスでは、両方のパターンを兼ね備えて使い分けるとよい場合もあります。また、反映分析型が絶対に必要な仕事もあります。たとえば航空管制官や地下鉄のコントロール・ルームの監視員は、常に全体の様子を見て分析しないといけません。そこに主体行動型を持ち込もうものなら、「とりあえず飛行機は飛ばしとけ！」と、制御できなくなるかもしれません。

パターン②　動機づけの方向性
【目的志向型・問題回避型】

目的志向型＝「結果を手に入れる」「思い描くものを現実化させる」というモチベーションから行動するパターン
問題回避型＝「問題を避ける」「よくない結果を現実化させたくない」というモチベーションから行動するパターン

たとえば**「人が自分らしさを発揮する社会を実現させたいから働く」は目的志向型**ですが、**「貧乏になりたくないから働く」は問題回避型**です。

起業家は目的志向型のほうがうまくいきます。

医者は基本的に問題回避型になります。「絶対治って健康になります」などの目的志向型の言葉はなかなか言えません。思うような結果が出なければ、「先生、治るって言ったじゃないですか！」と訴訟問題にもなりかねませんので、「これくらいで治るかもしれませんね」と無難に言うしかありません。

病院経営も目的志向型の時代

最近、私は病院を経営する医師の相談に乗ることがよくあります。

そこで私は、問題回避型のビジネスで病院経営を終わらせるのではなく、元気が増して繰り返し来たくなる目的志向型のビジネスに変えていきましょうと提案していまます。

たとえばビジネスパーソンなら、この病院でメンテナンスをすると頭が冴えて、ビジネスアイデアが湧いて売上拡大につながる、最近は市民マラソンが盛んですから、この病院のメンテナンスを受けるとタイムが縮まる、ゴルフならスコアがよくなるなど、人々の「もっと」「よりよく生きたい」に訴えかけるのです。

歯科医のなかにはわざと虫歯を残して患者さんを離さないようにするところもあるそうですが、そうではなく、治したあとに目的志向型の価値をつけて売っていくほうへ転換するほうが建設的です。

症状を治したあとは、終わりなき価値を売ってリピーターを作っていく。そういうビジネスモデルを考えることができます。

「終わりなき価値」を売る整体院

ある整体院のチェーン店は、ぎっくり腰やむちうちを治しておしまい、というごく一般的な治療院ビジネスで、リピーターが増えず困っていました。

整体の利点として、施術中のクライアントは身体を委ねるので催眠に入りやすくなります。そこで施術中に話をして「この人は売上を伸ばしたいビジネスパーソンなんだな」とわかったら、それに合わせたトークを繰り広げ、クライアントの願望達成に導くことができます。

そこで私は、その整体院全店のセラピストから受付まですべてのスタッフを1年間かけてトレーニングしました。その結果、身体の不調はないけれど、「もっとビジネスを拡大させたい」「もっとアイデアを出したい」「もっとキレイになりたい」「もっとタイムを縮めたい」というクライアントが激増しました。

さらに、定期的に来るなら回数券がお得です。それまで10枚綴りしかなかったのを廃止して、20枚綴り、40枚綴り、60枚綴りと、割引率がどんどんお得になる回数券を用意しました。その結果、「どうせ毎月くるから」と、40枚綴りの回数券が爆発的に売れるようになり、だんだん60枚綴りも売れ始めたのです。

その結果、以前とは比べ物にならないほどの売上を叩きだすようになりました。

それまでは問題回避型だったのを、目的志向型に変えて、背景にあるパターンを「終わりなき価値を売る」というものに変えたのです。

パターン③ 喜びの判断基準【他者基準・自分基準】

他者基準＝自分の行為がうまくいっているかどうかを判断するとき、他人からの賞賛や承認を必要とするパターン

自分基準＝自分の行為がうまくいっているかどうかを判断するとき、他人からの賞賛や承認は必要ではなく、自分のなかの確信や、自分なりのデータでもって判断するパターン

喜びの持ち方が自分基準なのか他者基準なのか。この違いはビジネスやプライベートに大きな影響を与えます。私は他者基準になってしまったモチベーションを「喜びのずれ」と言っています。

ある整体師さんのケース

がんになって休業している整体師さんとお話ししていたときのことです。

「そもそもどうして整体師を仕事に選んだんですか」と聞いたら、「お客さんの喜ぶ顔が見たくて」と言うのです。そこで私はこう続けて言いました。

「私が最近よく言う『喜びのずれ』がまさにそれです」

「お客さんが喜ばないと、あなたの喜びにはならないのですか？」

「自分の喜びは他人次第なんですか？」

「もしそれが病気の原因だとしたらどう思いますか？」

すると彼は何かに気づき、頭を抱えてうわ～っと叫び始めました。

「俺は40年間、何やってたんだ！」

1カ月後、その人から連絡がありました。

「今日病院に行ってきたのですが、がんが消えてました」

驚いた私は、「何をやりました？」と尋ねました。

「自分は確かに、喜びの持ち方がずれていました。何ができれば自分は喜ぶのか、この1カ月間、自分基準で徹底的に取り組んだのです。他人がどうこうではなく、これができたら自分は素晴らしいと言える。それをどんどん考えました」

「とにかく休養中で時間があったので考えて、実際に自分が価値あると思うことをやり続けました。そして病院に行ったら、がんはきれいに跡形もなく消えていたのです。病院の先生にも、経過観察も通院もいらないと言われました」

人間は「他者基準」では続かない

お客様がOKと言わないと、自分は素晴らしい人と言えないのでしょうか。

たとえば飲食店であれば、自分の料理をおいしいと言う人もいればおいしくないと言う人もいる。それは当然のことです。

でも、お客様がおいしいと言ってくれなければおいしくないいんだ、という考え方になると、一体あなたは何をしたいのでしょうか。

もちろん、お客様と相性がマッチすれば売上につながります。しかし、すべてがお客様次第では、自分の価値観を放棄することに等しいです。普通の人はこの基準が葛藤しているから、「何をしたらいいかわからない、じっとしていよう」とブレーキがかかるのです。

あるいは、他者基準で動いているうちに、だんだん他者に振り回されることに疲れ、「うまくいかないし、なんか違う気がする」と思い始めて途中でやめてしまう。これが、起業しても3年で撤退してしまう要因のひとつです。

また、誰かから批判されたり、バカにされるような発言を受けた時、他者基準の人は、それらの情報を自分自身の人格と重ね合わせてしまい、「自分が批判や否定をされた」と認識してしまう特徴があり、様々なダメージを感じやすくなり、ビジネスがうまくいかない、対人関係がうまくいかない、病気が治らないなど、様々な不都合な現実の温床になりやすくなります。

それに対して、**自分基準の人は、それらの情報を自分自身の人格と重ね合わせず、単なる情報として認識するので、さほどダメージを受けません。この他者基準を使うか、自分基準を使うかは、人生の中の現実を大きく左右してきます。**

パターン④ 思考の方向性

【過去基準・未来基準】

過去基準＝行動するとき、「なぜ」それをやりたいのか理由を考える。また、自分の行為がうまくいかないとき、「なぜ」うまくいかないのか、原因を考えるパターン

未来基準＝行動するとき、「何のために」それをやりたいのか目的を考える。また、自分の行為がうまくいかないとき、「何のために」うまくいかないのか、別の目的や新たな利用法を考えるパターン

一般的には、過去の原因に焦点を当てると、物事はうまくいかなくなります。

過去基準の場合、何かアクシデントが起きた時、しばしば「なぜこれが起きたのか」と自他に問いかけます。原因を探るために、「なぜ」という言葉を使ってしまう

のです。ただし、その原因が明確になることはほぼありません。

トヨタのカイゼンを人間に当てはめることはできない

自動車メーカーのトヨタの現場で実践されている**トヨタ式カイゼン**を真似《まね》して、「『なぜ』を5回繰り返せ」と言う人がいます。機械の分野ならそれは有効です。なぜなら機械の不具合であれば、ここが1ミリ厚いのではないか、工程はどうかと、必ず答えにたどり着けるからです。

しかし、それを人間に当てはめて「なぜ」と原因を探りにいってしまうと、人間のメカニズムは複雑ですから、答えは出てこないどころか、具合が悪くなってしまうのです。企業のコンサルティングをして感じるのは、「なぜ」を繰り返す社長の会社はスタッフもあまり伸びませんし、うつの社員が多いという傾向もあります。

たとえていえば、子供がテストで80点をとったケース。

お母さんが「なぜ80点なの?」と、原因に焦点を当ててしまうと、子供は無意識に言い訳を考え始めてしまうのです。

それに対して未来基準の場合、「何の目的で80点を取ったの?」という質問になります。そこには大きな目的があるんだね、という前提があるわけです。「どんな目的なんだろう」と未来に視点が向かいます。

あなたは「何のため」に病気になったのか?

病気も、「なぜ病気になったのか?」ではなく、「何のために病気になったの?」という質問になります。すると**「この病気は何か意味があってやっているのだ、何かに気づく必要があったんだ」**という前提が生まれます。

しかし、「なぜ病気になったのか?」を追及し始めると、過去に焦点が当たり、「何か悪いことがあった」という前提で話が進んでいってしまいます。

過去と未来、どちらに焦点を当てるのかで、身体の反応や脳の動きが大きく変わってしまうのです。

パターン⑤　動機づけの選択理由
【プロセス型・オプション型】

プロセス型＝何かをするとき、他人から「うまくいく方法」を与えられることを望むパターン
オプション型＝何かをするとき、自分で「うまくいく方法」を考え、たくさんある選択肢のなかから自分で選ぶことを望むパターン

「どうしてそれを選んだのですか？」と質問したとき、両者では答え方が違います。

プロセス型は過去に焦点が当たっていて、そうせざるを得なかった出来事やいきさつを語ります。

オプション型は未来に焦点が当たっていて、選んだ理由についての価値基準（刺激的、面白そう、やりがいがあるなど）や、機会、可能性について語ります。

扱うビジネスによって変わる動機づけの選択理由

オプション型もプロセス型もビジネスの内容やその状況によって変わります。
たとえば医療などは正しいことを正しくやるプロセス型の要素が必要です。
でももし、顧客を増やして売上を伸ばしたいというテーマを考える場合、それではうまくいきません。

過去に焦点が当たっていて、正しいことを正しくやるというビジネスモデルであったなら、これが正しいと押し付けるのではなく、もっと選択肢を増やして、お客さんに選んでもらうオプション型に切り替えていきます。

すると、新しいタイプの、オプション型に反応するお客さんがぐっと入ってくることになります。逆もまた然《しか》りです。

パターン⑥　どちらを重視するか

【人間重視型・物質タスク重視型】

人間重視型＝行動するとき、体験の途中に焦点が当たっていて、楽しさ、ワクワク感、充実感、不安や恐れがない感じ、安心・安全な感じなど、人間的な感覚を得ることを重視するパターン

物質タスク重視型＝行動するとき、体験のあとのことに焦点が当たっていて、「それをすることで収入や評価はどうなるか」「それをすることでどのような問題やリスクを回避できるか」など、物質的かつ現実的な結果やタスクを重視するパターン

売れる営業マンと売れない営業マンのメタ無意識の違い

以前、コンサルティング会社の営業に転職して、毎月のノルマが達成できず、会社にいづらい、というビジネスパーソンからご相談がありました。

私が確かめたのは、**「あなたが営業において大切にしている思いは何ですか？」**ということでした。すると最初に「充実感ですね」と答えました。

おっと、危険なものが出てきたと思いました。さらに尋ねます。

「じゃあ充実感を得ることによって、その奥で何を求めているんですか？」

しばらく間があって**「仲間との一体感が欲しいんです」**と言うのです。

これではノルマを達成するわけないと私は確信しました。

なぜか？

充実感も仲間との一体感も**人間重視型**であり、それをすることでどういう結果が得られたり回避できたりするのかに焦点が当たっていないからです。

そこでこう言いました。

「確かに、営業の仕事において充実感を味わうのは大切ですよね。そして、仲間との一体感を味わうのもものすごく重要ですよね。**そして、そのことによって、上司の評価はどう変わると思いますか？　収入ってどう変わると思います？**」

唐突に、**ゴールのあとのことに焦点を当てた質問**をわざと投げかけたのです。**物質タスク重視型**に慣れていなかったので、ちょっと間があり、「どうだろう……」。そこで考えながら、「上司の評価はこう変わるかな」「収入はこう変わるかな」と言い始めました。

ここで重要なのは、答える内容ではありません。
ゴールのあとのことに焦点を当てること。
新しいメタ無意識のパターンに脳を慣らしてもらうのが目的です。

そして翌月、「初めてノルマを達成しました！」という連絡がありました。

パターン⑦ 目的の焦点
【目的基準・体験基準】

目的基準＝行動するとき、最終目的を達成することに喜びを感じるパターン

体験基準＝行動するとき、楽しさやワクワク感、充実感、安心感、高揚感など、途中の体験で得られる感覚の心地よさに喜びを感じるパターン

目的基準型に切り替えて優勝を果たした浅田真央選手

スポーツの世界では、どの基準であるかによって結果が全く違ってきます。

いちばんわかりやすい例で言えば、**フィギュアスケートの浅田真央《まお》さん**。

物質タスク重視型と人間重視型とも重なりますが、体験基準と目的基準で見ることもできます。

ソチオリンピックでは、浅田真央さんは金メダルの筆頭候補でしたから、空港でも会場でも取材陣に囲まれました。

「真央ちゃん、今回はどうしたいですか？」とマイクを向けられると、彼女はいつも**「自分の演技がしたいです」**と答えるのです。

私は「危険だな」と思いました。「彼女は負ける気だぞ、誰か注意しないのか？」と。その結果、最初のショートプログラムでは大失敗してまさかの16位。よほどショックだったのか、2日後のフリープログラムではボサボサの頭で会場入り。結局総合6位でメダルも逃してしまいました。

その1カ月後、世界選手権がありました。このときも取材陣から「今回はどうしたいですか？」と聞かれました。すると今度は、こう言い切ったのです。

「やりきったと言えるように終わりたいです」

これを観て「ひょっとしたらひょっとするのでは？」と思っていたら、やはり優勝しました。

「自分の演技がしたい」というのは、体験の途中に焦点が当たり、ゴールが度外視されています。だからゴールしないのです。

それに対して、**「やりきったと言えるように終わりたい」というフレーズは、終わったあとのことに焦点が当たっています。**

ゴールがただの通過点になっているため、ゴールまでたどり着くことが容易です。

目的の先にある「何のために」というところを目指していれば、「では、まずはゴールする必要がありますね」と脳が勝手に動き出すのです。

目的基準でいるといろんなことがうまくいきますし、生命力も強化されます。もちろん途中過程も喜びがあったほうが努力も長続きするでしょうから、目的基準と体験基準の両方あったほうがいいでしょう。

脳は「目的」「ゴール」を求める

ビジネスの世界でも体験基準だけの人は少なくありません。

たとえばビジネスに成功して年収1億円にしたいという人がいたとします。「何のために年収1億円にしたいのですか？」と聞くと、いろんな理由が出てきます。

これを実際に洗い出すと、たいていの人が「だってそれって楽しいじゃないですか」「安心感があるから」「ワクワクするから」と、体験の途中に焦点が当たっているのです。

そこで私はさらにこう聞きます。

「何のためにその楽しさが欲しいのですか？」
「何のためにその安心感が欲しいんですか？」

しかし答えは「……」。

「え？　何のためという目的がないのですか？」

たとえば、電車に乗った際、席が1つ空いていたので、その席に座ろうと歩いていったときに、その席の前で、座ろうとしていた、もう1人の男性と鉢合わせとなったとします。

そこで、その鉢合わせた相手が、あなたに次のようなことを言ってきたとします。

①「すみません、私に座らせてください」

②「すみません、私は足が不自由なので、座らせてください」

①を言われた時と、②を言われた時、あなた自身の反応や感じ方に、どのような違いがありますか？

そして、どちらの方が席を譲りたくなりますか？

②の方が、席を譲りたくなるのではないでしょうか？

「何のため」が明確であるから、快く席を譲りたくなるのです。

脳も同じです。

脳はそもそも意味のないことをやるのは苦痛なので、意味を必要とします。

「何のために年収を1億にするのですか？」

「意味のないことをやらせないでくださいよ」

となるのです。

パターン⑧　現実の責任者は誰か
【他者原因型・自分原因型】

他者原因型＝身の回りで起きる現実は、ポジティブなこともネガティブなことも、自分以外に原因があると考えるパターン

自分原因型＝身の回りで起きる現実は、ポジティブなこともネガティブなことも、自分の意識が投影されて作り出したものだと考えるパターン

たとえば、病気や事故が起こった場合、他者原因型は「自分が作り出したものだ」とは考えません。一方、自分原因型は**「病気や事故すらも何らかの目的で自分が作り出したものだ」**ととらえます。

ビジネスがうまくいかないときも、他者原因型の場合、「スタッフが悪い」「同業者が悪い」「時代が悪い」など、自分の外に原因を求めます。そのため、世の中は見え

ない何かに支配されていて、とりわけ自分は見えない何かに振り回されているという感覚が強化されます。受け身になるので、自ら状況を打破することが難しくなります。

そこで自分原因型に切り替えると、**「何のためにわざわざ自分はうまくいかない現象を作り出しているのだろう?」**と自分を中心に考え始めます。

その結果、新しい流れを作り出すことができるのです。

自分原因型で大儲けした社長のケース

毎月面談をしている、あるクライアントの社長がいます。

あるとき酒席でその社長が**「最近、2000万円をだまし取られたんだよ」**と言いました。「当然警察に行きましたよね?」と私が聞くと、なんと「行っていない」と言うのです。

「どうして行かないんですか? 2000万円ですよ!?」

「いや、いまはまだ理由はわかってないけど、あの詐欺師を呼んで詐欺をさせたのは俺だからさ」

社長がこう言い始めたので、私は「ほ~」と思いました。

「だから警察には届けない」

「社長がそれでいいなら別にいいですけどね。2000万円もったいなくないですか」

普通の庶民感覚で私は言いました。そこでその話は終わっていました。

1カ月後、再び面談の日がやって来ました。

その社長は「後日談があってさ」と話し始めました。

「前回梯谷さんとお酒を飲んだ2週間後、詐欺師が俺の前に現れたんだよ。申し訳なかった、でもお金は使い切っちゃいましたって。だから、『いいよ、まだ理由はわからないけど、あんたに詐欺させたのは俺だから』って言ったんだ。

そしたら詐欺師が、『いや、申し訳ない。お金は返せないけれど、私には人脈だけはあるので、紹介するからそれを使ってください』『じゃあ、使わせてもらうよ』と。それでその人脈で8000万円の利益を出したんだ。結局儲かっちゃったよ！」

もし詐欺が起きたとき、「あいつにだまし取られた」と他者原因型になって警察に被害届を出していたら、詐欺師も出てこなかったでしょう。当然８０００万円の利益もなかったはずです。

それを社長は自分原因型で考え、「あいつに詐欺させたのは俺だ」と受け入れたことにより新しい流れができたのです。そのとき私は、「流れってこうやって変わるのか」と深く感じ入ったものです。

パターン⑨　物事のとらえ方
【悲観基準・楽観基準】

悲観基準＝問題が起きたとき、「嫌なことが起きた」ととらえ、最悪のシナリオを考えるパターン

楽観基準＝問題が起きたとき、「好機が来た」「面白いことが起きた」ととらえ、最良にするためのシナリオを考えるパターン

ビジネスをしていると、社会的なアクシデントや災害に左右されることもしばしばあります。そんなとき、**「景気が悪くなるぞ。お客さんが離れるかもしれない。どうしよう」**と考えるのが悲観基準です。

「経済の混乱期には損する人と得する人がいる。自分にとって千載一遇のチャンスかもしれない。何をすればいい？」と考えるのが楽観基準です。

経済恐慌が起きるとミリオネアが増える理由

以前発売された『週刊東洋経済』の特集記事に、次のような「頭の良し悪し」についての大学の研究例が紹介されていました。

◎6歳の時点で「頭の良し悪しは、生まれつきのもの（＝遺伝的なもので変えようがない）」という思い込みの人は、その後の学生時代の学力も伸びない。
◎それに対して、「頭の良し悪しは、努力次第で何とかなるもの（＝自分次第で何とかできるもの）」という思い込みの人は、学生時代の学力も伸び、社会に出てからも活躍する。

つまり、その人が大切に持っている信じ込みや、背景にある前提が、勉強の成績や、所得金額など、現実的な数値的なものにも影響を与えているのです。

これまで、オイルショック、ブラックマンデー、世界大恐慌、サブプライムローン問題、リーマンショックなど、経済的打撃を引き起こす大きな出来事がありましたが、所得番付などから億万長者の発生数を見ると、**それらの経済的打撃を引き起こす大きな出来事があった年ほど、億万長者が多く誕生している**ということがわかっています。

普通の人は、「リーマンブラザーズが倒産したか……経済が冷え込むぞ」と、「経済が冷え込む」点に焦点を当てるのに対し、ミリオネアになる人の多くは、「誰かが損をする時は、誰かが儲けるはず」という前提を持っているため、経済的打撃を引き起こす大きな出来事があるたびに、「今回、儲けるのは誰だ？　どの業種だ？　そこに集中投資しよう！」と動き出すのです。

事実、経済的打撃を引き起こす大きな出来事があった年ほど、ミリオネアが多く誕生するという歴史的現象が起きます。

つまり、世の中で起きていることや、自分が働く業界、また身の回りを見るとき、「そもそも、どういう前提から見ているのか？」「そもそも、どこに焦点を当てているのか？」によって、手にする成果が違ってきます。

そして、自分の前提や焦点を探るには、起きている結果から探るのが早道です。

結果として何かがうまくいっていなければ、うまくいかない前提があり、うまくいかないことに焦点が当たっているのでしょうし、結果としてうまくいっているのであれば、うまくいく前提があったり、うまくいくことに焦点が当たっているのでしょう。

はたして、あなたは、どのような前提から、自分の仕事や世の中を見ているでしょうか？

うまくいくことに焦点を当てて見ているでしょうか？

うまくいかないことに焦点を当てて見ているでしょうか？

パターン⑩ 判断するときの心理状態

【分離体験型・実体験型】

分離体験型＝物事を決断するとき、理性や理論、データなどに頼るパターン
実体験型＝物事を決断するとき、自分の生きる目的に基づく「自分の価値観」に頼るパターン

たとえば、新しいプロジェクトをやるかどうか決断に迫られたとき、**「前例がない」「アンケートやヒアリングによい結果が出ていない」「条件を満たしていない」**など、データや事例で客観的に判断しようとするのが分離体験型です。

一方、**「確かに前例もないし、条件も満たしていないが、この方向に行かなければよりよい未来はあり得ない。だからなんとしても方法を見つけ出してやるんだ」**というのが実体験型です。

なぜ、心理学の専門家に病気の相談が多いのか？

病気の方のご相談を多く受ける中で、最近気になっていることがあります。

それは、「○○心理学などの先生が多いなぁ」ということ。

世の中では様々な心理学のジャンルが流行っていますし、心理学に興味を持たれる方が多いのは素晴らしいことです。

しかし、一方では、弊害を生んでいるのかもしれません。

病気の方がご相談に来ると、私はよく「何のために病気が発生したと思いますか？」「今回の病気から得ているメリットは？」と質問をするのですが、その中で**「○○博士が言うには……」**とか**「○○心理学では、こう教えているので、これが原因だと思います」**と答える人達がいます。

そこで、私は**「○○博士の意見はどうでもいいです。あなた自身は、どう考えているのですか？」**と質問をすると「……」と何も答えられないのです。

これは、何か物事や出来事を判断する時に、外部の識者や常識的な理論などを武器のように持ち出して判断をする分離体験型のときの特徴です。つまり自分の価値観を持ち出していない（実体験型ではない）のです。

そして、**このことは、外部の識者や常識的な理論が問題なのではなく、「なぜ、自分の価値観を持ち出さないのか？」という背景に問題があります。**

よくあるのは「自分の意見を言うとバカにされる」「自分の考えを持ち出すと批判される」という前提。そのような前提があると、自分の意見を持ち出そうとするたびに「バカにされるのではないか」という不快な感覚を抱いてしまうので、自分から分離して対応しようとします。一種の防御反応なのです。

そして、**「○○博士が言うには」というように、外部の識者や常識的な理論などを持ち出すたびに「私はバカだ」「私は劣っている」という自己否定の前提や感覚が強化されてしまうので、身体がやられてしまうのです。**

この分離体験型で動くことが多い方は、注意が必要です。

パターン⑪ それは誰が決めたのか

【義務型・欲求型】

義務型＝何かをするとき、「やらなきゃ」「やるべき」という言葉が浮かんで行動に移すパターン
欲求型＝何かをするとき、「やろう」「やりたい」という言葉が浮かんで行動に移すパターン

義務型で動くと、脳の苦痛系が働く生活パターンになります。何をやるにしても「生活のため」「生き残るため」と義務感がつきまとうので苦しくなります。ビジネスの場面なら「苦しいからほどほどにしておこう」とブレーキがかかってしまいます。

一方、欲求型で動くと、「このために自分はやりたいんだ」という目的が明確で、脳の報酬系が働くようになるので、すべてうまく回り始めます。

欲求型が人生で圧倒的に有利な脳科学的理由

脳の苦痛系とは、苦痛なことを情報処理するときに働く部位です。ここが働くと、脳の視床下部から副腎に命令が行き、コルチゾールやアドレナリンといったホルモン物質を分泌します。

コルチゾールが出るとまず免疫機能が抑えつけられて血糖値が上がります。アドレナリンが出ると、血圧と心拍数が上昇し、戦うモードに入ってしまいます。これは危険を察知し、逃走するか闘争するか瞬時に反応するために必要なホルモンです。

私たちの日常では、計算やデータ分析など、数字を扱うときなどに苦痛系は活性化します。間違いがあってはならないときには苦痛系が必要ですが、これが続いてしまうと心身がやられます。

それに対して報酬系は、快楽的なことを処理する脳の部位。

報酬系が働くと、再び副腎に命令が出て、今度はドーパミンやセロトニンというホルモン物質を分泌するように指令が行きます。ドーパミンは興奮物質、セロトニンは幸せを感じるときのホルモンです。

いわゆる抗うつ剤もドーパミンとセロトニンを分泌させる薬です。しかし、これらは脳の報酬系を働かせば、自発的に生み出せるホルモン物質なのです。

報酬系の部位は、新しいものを生み出したり、クリエイティブなことをしたり、想像したりというときに必要です。報酬系は心身がリラックス状態に導かれますが、苦痛系が多いと心身は緊張状態に入りますから、ストレスがたまるわけです。特にお金のことを考えるとき、苦痛系は働きます。

時給200円と時給5000円、どちらが苦痛か?

こんな実験があります。10人に集まってもらい、同一の単純作業をしてもらいます。それを2つの実験群に分け、第一実験群には時給200円で、第二実験群には時給5000円を提示しました。この実験の目的は「どちらのグループが脳の苦痛系を働かせるか」というものでした。

そして実験結果が出ました。この結果には私も驚きました。

時給5000円のほうに苦痛系が働いていたのです。

そこで確かめてみると、第一実験群は、「200円しかもらえないのだから気楽にやろう」という意図で作業していました。一方、**第二実験群は、「こんな単純作業に5000円ももらっていいのか。しっかりやらなきゃ」という義務感が生まれていた**というのです。

つまり、もっと給料を増やしたい、売上を伸ばしたいというのは素晴らしいことですが、**「もっと頑張らなきゃ」という義務が生まれると、苦痛系が働いてしまう**ことがわかってきました。

だから、安易にお金が欲しいと頑張りすぎると苦痛系が働き、身体やビジネスがやられるというわけです。

パターン⑫ 自己認識
【限定的自我・絶対的自我】

限定的自我＝健康でない自分や、物事がうまくいかない自分は「劣っている」「価値がない」「欠けている」と思い込むパターン

絶対的自我＝たとえ健康でなくても、物事がうまくいかなくても「自分には存在しているだけで価値があるし、そのままでＯＫだ」と感じられるパターン

限定的自我で頑張りすぎると人は壊れる

限定的自我は、他者に貢献しようとすればするほど、ビジネスを成功させようとすればするほど、ちょっとしたことにつまずいて、嫌な自分に気づいてしまいます。そ

して、「めんどくさい」とか、「他にやらなければいけないことがあった」と他の用事を思い出したりして、立ち止まってしまうのです。

タフな人であればあるほど、「こんな自分はダメだ、こんな自分を早くなんとかしなければ」「こんな弱音を吐いている場合ではない」「気合いだ、根性だ」と、頑張って乗り切ろうとしてしまいます。

その結果、負担がかかり、身体を壊したり、事故にあったり、詐欺にあったり、自己破壊欲求で自分でもよくわからない結果を導いてしまうのです。

たとえば芸能界の第一線を走っていた人が、セクハラ問題や薬物問題で社会から追放されたり、病気という表現を使ったりするニュースはこのケースが表面化したわかりやすい例です。

絶対的自我があれば揺らがない

絶対的自我は、**「物事がうまくいってもいかなくても、自分の存在価値とはなんら関係のないことだ。今回はうまくいかないやり方だっただけであって、また別の方法を試せばよい」**と、物事を分別して考えることができます。

パターン⑬　本気度合い
【結果期待型・結果行動型】

結果期待型＝したいことがあるとき、条件が揃ったら行動に移そうと考えるパターン

結果行動型＝したいことがあるとき、まずは必要な条件を揃えるために動くパターン

たとえば、イタリアンレストランを出したいAさんとBさんがいます。

Aさんは**「貯金が500万円貯まったら、夢であるイタリアンレストランをオープンさせたい」**と言います。これは、条件が揃ったら行動に移す結果期待型です。

Bさんは**「イタリアンレストランをオープンさせるために、いま500万円を貯めるために○○をしています」**と言います。これは、やることありきで物事を進める結

果行動型です。

結果が出やすいのは、どちらでしょうか？

もちろん、結果行動型のBさんです。

使う言葉を変えることで脳を結果行動型に切り替える

このふたつのパターンの切り替えは、言葉によって可能です。

ある経営者とお話ししていたときのことです。その人は、生きる目的がはっきりしているのに末期がんでした。そして、**「俺はがんが治ったら現場に復帰する」**と言いました。

ずれは、まさにここにあります。

つまり、会社を通して生きる目的を表現したい、ただし「がんが治る」という条件を満たしたら行動に移すという結果期待型になっていたのです。

そこで、「私はビジネスを通して、生きる目的を全うするために、がんをいつまでに終わらせる」と結果行動型にパターンを切り替えてもらうことにしました。具体的には、**「私は○○という世の中を創るために、こういうことをする。そのために○○**

までに病気をやめる」と呟《つぶや》き、目的に向かって行動している自分をイメージしてもらい、また病室に仕事の幹部たちを集めて指示を出し、ビジネスを動かし始めたのです。

思い描いたものを脳は「現実」だと判断するので、それに合わせて身体が変化していくのです。

そして、彼は約半年で末期ガンの全体の8割を消して退院しました。

パターン⑭ 根本欲求【生存欲求・目的欲求】

生存欲求＝生き残りや安心・安全の確保、死を避けるといったサバイバルのために行動するパターン
目的欲求＝生きる目的を実現するため、本当の自分として生きるため、といった自己実現のために行動するパターン

アウシュビッツで生き残った人々に共通したあること

究極的な例として、アウシュビッツ収容所が挙げられます。

第二次世界大戦時、ナチスドイツが民族浄化という名のもとで組織的な大量虐殺を行いました。ユダヤ人の老若男女を捕らえて収容所に収監し、１日数万人、合計４０

0万人のユダヤ人の命を奪いました。アウシュビッツ収容所はその凄惨な現場です。結局ナチスドイツが敗戦したことによって、捕らえられていたユダヤ人が、たった数百人だけ生きて出てくることができました。

その中のひとりが、**ヴィクトール・フランクル**という心理学者です。

戦後、彼は「なぜ我々は生き残れたのか」という研究を始めます。誰もが収容所から生きて出たいと思っていました。そんななかで生き残った人は何が違ったのか。

腕力があったのか。どうもそうではない。

お金を持っていたのか。それも違う。

ヴィクトール・フランクルは「それを発見した時には雷に打たれたような衝撃だった」と書き残しています。

それは**「最後まで自分の目的を忘れない人たち」**だったのです。

生き残った人に、パン屋がいました。彼はこう考えていました。

「俺はこの戦争が終わったら、また目抜き通りでパン屋を再開し、焼き立てのパンの香りを街中に漂わせて、街の人たちを喜ばせたいんだ。だからこんなところにいる場

合じゃないんだ」

生き残ったある人はピアニストでした。

「世界中が戦争で疲弊している。俺はピアニストとして世界中をリサイタルして回って、世界の人たちを慰め癒したいんだ。だからこんなところにいる場合じゃないんだ」

このように、塀の向こう側に目的を見出《みいだ》している人が生き残ったというのです。

ただ単に生きて収容所を出たいと思っていた人たち（生存欲求型）はみんな亡くなってしまいました。

一方で生き残ったのは「目的欲求を捨てない人たち」だったのです。

この判断基準は、生命にまで影響を及ぼします。塀の向こうの「何のために」という目的が、力強い生命力には必要なのです。

生存欲求型がダメな理由——脳は逆に動く

なぜ、生存欲求型の人達には、不都合なことが起きてくるのでしょうか？

白いボードに黒いペンで字を書けば、その書いた字が人を反応させることができますが、黒いボードに黒いペンで字を書いても字が見えず、何の影響も与えられません。対比として白い背景があるから、黒いペンは存在意義を見出せます。

それと同じように、下という概念があるから上という概念が存在できるように、悪という概念があるから善という概念が存在できるように、つらいことや苦しいことがあるから、幸福感や喜びという概念が存在でき、幸福感や喜びを求めたり、幸福感や喜びを体験することがはじめて可能になります。

このように、何か対比として相対するものがあるから、概念が存在し、体験も可能になるという関係性がこの世にはあります。

そこで、「生き残りたい、安心、安全な状態が欲しい」と望むとしたら、それらの欲求を存在させるためには、対比として、どのような概念が必要でしょうか？

そうです。

「死を意識すること」や「苦労や危険を感じること」が対比として必要となってきます。

そこで脳は「死を意識することや、苦労や危険を感じることが必要なんだね。だったら、死を意識することや、苦労や危険を感じる出来事を作らないとダメだね」と動き始めて、病気や事故、災害、ビジネスの失敗、対人関係の不和などの現象を作り始めるのです。

また、「お金が欲しい」という欲求を持ち続けるには、対比として「お金がない」「お金に不安がある」などの概念が必要となるので、「お金がない」「お金に不安がある」と言い続けられる現実を作り出してしまうのです。

このように**「脳は逆に動く」**ということを知っておかないと、不都合なことを引き寄せやすくなります。逆に言えば、死ぬ準備を始めたり、死後の準備を始めたりすると、ガンが改善し始める方もいます。

脳は逆に動くのです。

図10　無意識のクセ（メタプログラム）の14のパターン

		あなたはどっち？		
パターン①	主体性	主体行動型	⟷	反映分析型
パターン②	動機づけの方向性	目的志向型	⟷	問題回避型
パターン③	喜びの判断基準	自分基準	⟷	他者基準
パターン④	思考の方向性	未来基準	⟷	過去基準
パターン⑤	動機づけの選択理由	オプション型	⟷	プロセス型
パターン⑥	どちらを重視するか	物質タスク重視型	⟷	人間重視型
パターン⑦	目的の焦点	目的基準	⟷	体験基準
パターン⑧	現実の責任者は誰か	自分原因型	⟷	他者原因型
パターン⑨	物事の捉え方	楽観基準	⟷	悲観基準
パターン⑩	判断するときの心理状態	実体験型	⟷	分離体験型
パターン⑪	それは誰が決めたのか	欲求型	⟷	義務型
パターン⑫	自己認識	絶対的自我	⟷	限定的自我
パターン⑬	本気度合い	結果行動型	⟷	結果期待型
パターン⑭	根本欲求	目的欲求	⟷	生存欲求

第3章

うまくいかない真犯人「メタ無意識」を書き換える

「なんとなく」の五感情報にくっついた言葉で現実が変わる

一般的な人は、社会的なアクシデントが起きると「世の中が不景気になる」と思います（悲観基準）。しかし、成功している人は、**「誰かが損するときは誰かが儲けるでしょ」**というフィルターがあるので、リーマンショックのような混乱期には、**「チャンスだ！　儲かる業種はどこだ？」**と、反応が違ってきます（楽観基準）。

この違いはどこから生まれるのでしょうか？

それはメタ無意識がどちらの方向に向いているか、どちらに焦点が当たっているか、というちょっとした違いなのです。

普通のコップに青いソーダを入れれば普通のコップですし、ミッキーマウスの形のコップに入れればミッキーマウスに見えます。妖怪の形のグラスに入れれば、気持ち悪い妖怪に見えます。つまり、中身は何を入れても、器の形に見えてしまうのです。

これがメタ無意識という器です。

①視覚、聴覚、嗅覚、味覚、触覚を通した純粋な五感情報をキャッチする
②そこに言葉を付ける
③その言葉次第で、どういう解釈が付くか決まる
④解釈次第で、どういう感情が生まれるかが決まる
⑤感情が放置されて「世の中とはこういうもの」「こうしてはいけない」「こうするべきだ」という信じ込み（人を動かす脳内プログラム）が生まれる

メタ無意識はこのようなプロセスを経て固定化されていきます。

信じ込みのおおもとは、言葉がくっつく前の五感情報です。そして、「なぜその言葉が選ばれたの？」というところに、メタ無意識が関与しているのです。

「なんとなく」のイメージで保管されているもの、それにはパターンの形があります。その形が合っているかどうかをチェックし、必要であれば変えていこうというわけです。

成功脳のメタプログラムパターンとは

過去、さまざまな成功者がいましたが、普通の人が、その成功パターンを再現するのは非常に難しかったと思います。なぜなら、かつては彼らがどういう判断基準で動いているのかわからなかったからです。

私は、30年近くかけて成功者にインタビューし、成功パターンを研究し続けてきました。その結果、**メタ無意識の方向性、つまりメタプログラムがどのパターンを選択しているのかが鍵だったことがわかりました。**

そこで、成功者脳のパターンを元にメタプログラムを整理してまとめたものの最新版が、第2章で紹介した14のパターンです。14のパターンに良し悪しはありませんし、ケースバイケースで最適なパターンが違ったりもします。どれを選択してもあなたの自由ですが、**物事がうまくいく人は、共通する成功脳パターンで生きています。**

私たちは日々、人生という道を少しずつ歩み続けていますが、方向性が少しでもずれていると、労力と時間をかけたにもかかわらず、とんでもないゴールに到着してしまいます。

そこで本章では、あなたのメタプログラムがどういう組み合わせになっているのかをチェックし、不都合があれば調整していきましょう。

この目的は、自分が無自覚に使っているパターンに気づくことです。

マスターすれば、場面に応じて最適なパターンを選択できますし、基本の成功脳パターンにいつでも戻ってこられます。人の頭のなかもわかりますし、物事がよく見えるようになり、自分の軸もブレにくくなります。

結果として、成功パターンの再現性が高まるわけです。

ではまず、「うまくいく人の14の成功脳パターン」を見ていきましょう。

うまくいく人の14の成功脳パターン

①主体性　○主体行動型　×反映分析型

起業やビジネスで成功したいならば、「やろうと思ったことは今日着手する」という**主体行動型**で動きます。「どういう結果になるだろうか」「うまくいくだろうか」と不安になってリサーチし始めると、「うまくいくだろうか」とリサーチすることが目的になってしまいます。

②動機づけの方向性　○目的志向型　×問題回避型

行動するとき、「何かを避ける」のではなく、「何かを得る」という**目的志向型**で、動機づけをします。「何かを避ける」ことを想像すると、その嫌なことを脳は現実化しようとするからです。

③喜びの判断基準　○自分基準　×他者基準

他人の意見に追従したり、他人の賞賛や承認を求めると、本来やりたいことではない言動もしなくてはいけないのでストレスが生まれます。**「自分がやりたいからやる」**という**自分基準**のほうが、スムーズに現実が進みます。

④思考の方向性　○未来基準　×過去基準

「なぜ、それをやりたいのか？」「なぜ、うまくいかないのか？」といった「なぜ？」という言葉は、過去に原因を求めます。過去に意識を向けながら未来に向かって行動するという器用なことは脳にはできません。やりたいこと、うまくいかないことがあれば、「何のために、それをやりたいのか？」「何のために、うまくいかないのか？」と、「何のため」と問いかけ、**未来基準**で考えるようにします。

⑤動機づけの選択理由　○オプション型　×プロセス型

うまくいく方法が与えられるのを待ってそれを遵守する姿勢では、新しいことを生み出す力が弱まります。うまくいく人は、夢を実現させる方法やうまくいく方法の選択肢を自分で考え、意志的に選択する**オプション型**で生きています。

⑥どちらを重視するか？　○物質タスク重視型　×人間重視型

「楽しさ」「ワクワク感」「充実感」などの人間的な感覚を得ることも大事ですが、まずは「それをやることにより、収入や評価はどうなるか？」「それをやることにより、どのような問題やリスクを回避できるか？」といった**物質タスク重視型**でなければ現実的な結果は得られません。

⑦目的の焦点　○目的基準　×体験基準

行動し、体験を味わっているときの感覚の心地よさ（楽しさ・ワクワク感・充実感）もモチベーションにはなりますが、最終的な目的を達成することに喜びを感じる

目的基準でなければ、目的を達成することはできません。

⑧現実の責任者は誰か　○自分原因型　×他者原因型

ポジティブなことも、ネガティブなことも、病気や事故なども、身の回りに起きる現実は全て自分が創り出したものだと考える**自分原因型**こそ成功脳です。自分以外に原因があると思っているあいだは物事は解決しません。

⑨物事のとらえ方　○楽観基準　×悲観基準

自分がやろうとしていることに関して問題が起きたとき、「嫌なことが起きた」と捉えるままではうまくいきません。成功する人は、最悪なことが起きても、最良にするためのシナリオを考え、「好機が来た」「面白いことが起きた」ととらえる**楽観基準**です。

⑩判断するときの心理状態　○実体験型　×分離体験型

自分がやろうと決断を下すとき、理性や論理、たとえば前例やエビデンスに頼るあいだは脳が本気と見なしません。前例やエビデンスがなくても「生きる目的」に基づいた「自分の価値観」に頼る**実体験型**で決断してこそ脳が動き出します。

⑪それは誰が決めたのか？　○欲求型　×義務型

考えを行動に移すとき、「やろう」「やりたい」というような言葉が浮かぶ**欲求**から動くとき、物事は成し遂げられます。「やらなきゃいけない」というような言葉が浮かぶときは難しいでしょう。

⑫自己認識　○絶対的自我　×限定的自我

うまくいく人は、健康でない自分や、やろうとしていることがうまくできない自分もダメだとは考えません。「自分はそもそも価値があるし、自分はそのままでＯＫだ」「そして、たまたまうまくいかないことをやっている」という**絶対的自我**で生きています。

⑬本気度合い　○結果行動型　×結果期待型

「条件が揃ったら行動に移そう」としている限り、いつまでたっても条件は揃いません。成功する人は、必要な条件を揃えるために動く**結果行動型**です。

⑭根本欲求　○目的欲求　×生存欲求

生き残りや安心安全の確保が行動の原動力となると、まずネガティブな状況を想起するので、ネガティブな状況が現実化されます。成功する人は、「生きる目的」を実現するため、「本当の自分」として生きていく自己実現のため、という**目的欲求**で動きます。

図 11　うまくいく人の 14 の成功脳パターン

	○	×
パターン① 主体性	主体行動型	反映分析型
パターン② 動機づけの方向性	目的志向型	問題回避型
パターン③ 喜びの判断基準	自分基準	他者基準
パターン④ 思考の方向性	未来基準	過去基準
パターン⑤ 動機づけの選択理由	オプション型	プロセス型
パターン⑥ どちらを重視するか	物質タスク重視型	人間重視型
パターン⑦ 目的の焦点	目的基準	体験基準
パターン⑧ 現実の責任者は誰か	自分原因型	他者原因型
パターン⑨ 物事の捉え方	楽観基準	悲観基準
パターン⑩ 判断するときの心理状態	実体験型	分離体験型
パターン⑪ それは誰が決めたのか	欲求型	義務型
パターン⑫ 自己認識	絶対的自我	限定的自我
パターン⑬ 本気度合い	結果行動型	結果期待型
パターン⑭ 根本欲求	目的欲求	生存欲求

貧困脳とミリオネア脳の違い

私は27歳の時、独立起業しました。何も考えずに決断し行動したので、当時の預金口座にあったのは2348円だけ。

食べるために日雇いの仕事をしながら、夜は勉強し、起業家連合の団体を作って経営者のナマの話を聞き、経営について学んでいきました。

そこで、低所得者から5年ほどでミリオネアになった5人の人に出会い、どういう人格の作り方をすればそうなれるのか共通点を探っていったのです。

それを真似していった結果、私もやがて彼らの仲間入りをすることができました。

物事がうまくいく人は脳の働きを利用する

30年近く、経営コンサルタント、ライフコーチとして、4万8000人のセッションをしてきてわかったのは、**物事がうまくいく人とうまくいかない人は、脳の働かせ方が逆だということ。うまくいく人は、脳の働きを利用していました。**

それは、**貧困脳**と**ミリオネア脳**ともいえるある種のメタプログラムだったのです。

ミリオネアの人たちは何をハッキリさせているのか

「貧富の差は、経済的な状況の差から生まれるものではなく、言葉のスキルの差から生まれるものである」

デヴィッド・R・ホーキンズ博士

好ましくない記憶を放置していると、望ましくない信念、つまり恐れに基づいた信念を作り出します。

脳は、喜びよりも、恐れを現実化させます。恐れはそれだけ強いのです。

しかし、普通の人ほど、この好ましくない記憶にとらわれて、恐れから物事が悪化することは少なくありません。

では、この好ましくない記憶をどう扱えばいいのでしょうか。

「安心・安全」を求めると「苦痛な記憶」が存在してしまう不条理

110ページでも述べましたが、左があるから右という概念が存在し、上があるから下という概念が存在します。脳の中の概念というのは、対比させることで存在することができます。

普通の人は、生き残ること、安心・安全を求めて人生を生きています。

「生き残りや安心・安全」を求めると、その対比として、脳はまず苦痛な記憶を想起して保存し、苦痛な記憶が強化されていきます。そして、苦痛な記憶を保存するために、苦痛なことを作り出し、それが貧困やビジネスのつまずき、事故や病気を引き起こしてしまうのです。

その結果、「苦痛な記憶」を存在させ続けるために、「生き残りや安心・安全」を求めるという、依存し合った関係になってしまいます。

しかし、苦痛な記憶やそこから作られた信念は、外部からの力には強固ですが、内部からだと変えやすくなります。

苦痛な記憶や好ましくない記憶を利用する方法

そこでミリオネアの人たちがやっていたのは、苦痛な記憶、好ましくない記憶を利用する方法です。それは110ページで説明した「脳は逆に動く」という性質を利用した方法です。

脳はストレスがない二分法を好み、対比させることで概念を存在させようとする性質があります。そこで、苦痛な記憶、好ましくない記憶をハッキリと意識に上げることで、その逆を用意させるのです。

「儲けさせろというだけのクライアントとは仕事をしない」とハッキリ自覚することで、「儲けさせろと求めない健全なクライアントを探さなくてはいけませんね」と、脳が動き出すわけです。

ミリオネア脳の人たちは、この苦痛な記憶、好ましくない記憶を整理していました。わかりやすくいうと、**「やらないことリスト」**を作るのです。

つまり、自分はこれを避けたい、こういうことはしないと、自分ルールを作っていきます。

あるとき、ミリオネアの人のノートを見せてもらうと、毎年「やらないことリスト」が増えていき、びっしりと埋まっていました。

ここで、メタプログラムをマスターした人にとっては、「やらないことリスト」は問題回避型と違うのか、と思うかもしれません。それにお答えしましょう。

概念は対比によって存在します。

つまり、避けたいことがあるから、欲しいものがハッキリするのです。

そこで大切なのは、徹底的に自分基準となること。

避けたいことが明確で、うまくいかなかったことを学習し、自分基準で「やらない」と決断したのです。そこには恐れの感情がついていないので、自分軸という器が広がるわけです。

願望は役に立ちません。むしろ避けたいこと、やらないことを明確にし、ネガティブなものは利用する。これがミリオネア脳の使い方だったのです。

徹底的に自分基準で考える

将来の収入は子供の時点で決まってしまう？

1980年代以降、先進諸国で所得格差が開いてきました。日本もそうです。アメリカでも問題になり、「貧富の差が激しいのは何が原因か突き止めろ」というホワイトハウスからの指令が出ました。調査機関が調べて発表したのは、**「子供の頃の親の態度に違いがあった」**ということでした。

たとえば子供が「ゲームを買って」と親にねだることはよくあります。将来低所得者になる子供は、お母さんに**「アンタはもうゲーム持ってるじゃない。ゲームなんかしないで勉強しなさい！」**と感情的に叱《しか》られるというのです。その結果、子供はお母さん基準、つまり他者基準になってしまうのです。

一方、将来高所得者になる子供は、お母さんから**「じゃあ、どうしてそのゲームが必要なのか、理由を聞かせてくれる?」**と、理性的に理由を聞かれます。

子供はだんだん学習するので、おねだりするときは理由を聞かれるはずだからとプレゼンするようになり、子供の交渉能力が鍛えられると同時に、**何のためにこれが欲しいのかという自分基準がハッキリしてきます。こうして自分基準で判断するトレーニングがなされて育った人が、将来高所得者になるというのです。**

マーク・ザッカーバーグの父親が息子に植えつけた「自分基準」のルール

高所得者といえば、総資産約800億ドル超、日本円で約9兆円、長者番付で世界トップクラスになったフェイスブックCEO**マーク・ザッカーバーグ**です。

彼こそが、この自分基準で育てられてきたよい見本といえます。

世の神童といわれる人たちがどう育てられてきたか調査したテレビの特集で、彼の父親がこんなエピソードを話していました。

ザッカーバーグが子供の頃、「お父さん、このゲーム買って」と言いました。

「よしわかった。でもどうしてそのゲームが必要なのか教えてくれるかい?」

息子は言いました。

「友達のスティーブもジョージも持ってたから」

「ノー。だめだ。それでは買わない」

やがてマークが高校生になり、家でオリンピックの中継を見ていました。フェンシングの中継を観ていたマークはフェンシングに興味を持ち、「お父さん、僕、フェンシングがしたい」と言いました。

「どうしてフェンシングがしたいんだ?」

「強くなりたいから」

すると父親は、翌日には大人用のフェンシング道具を一式買い揃え、「さあやりなさい」と言ったそうです。

父親いわく、**「みんながやってるからとか、みんな持ってるからという理由の要求**

はすべて却下しました。その代わり、自分がこうなりたいんだというものはすべて買い与えたのです」。

つまり、他者基準のものはすべて却下し、自分基準から発することしかやらせませんでした。その息子がやがてフェイスブックを作り上げたのです。

リッチなはずなのに、服装はいつも質素なTシャツにジーンズ。同じ服が7着あり、毎日同じスタイルなのだそうです。

第4章

潜在意識を思い通りにコントロールするすごい方法

「お金は自分でコントロールできる」という前提を作る

支払いのたびに生きる目的を呟く友人

私と同時期に27歳で独立起業し、その会社が一部上場にまでなった人がいます。

3〜4年前、その彼と仕事をすることになり、喫茶店で打ち合わせをしました。

コーヒー代は各々で負担しましょうとレジで支払っていると、彼が何かを呟いているのです。私は、うまくいっている人にはどういうパターンがあるか知りたいので、非常に気になりました。

「いま何か呟いていましたね」と聞くと、彼はニヤッとして「この仕掛けがなかったらいまの俺はないいね」と言いました。

実はこういうことだったのです。

「コーヒー代は500円。『俺にはこういう生きる目的がある。そして今年はこういう数値目標がある。これを達成するためにいまからこのコーヒー代を払う』。これを呟いているんだ」

それを聞いて私はピンと来ました。

「それ、いつからやってるんですか?」

「高校時代からだよ」

私は「はぁ……」とため息をつきました。情けない話、同じ時期に独立起業し、一方は会社を一部上場に育て上げ、そして一方は……。この差はこれか。その呟きを20年以上続ければそうなるわな……と思いました。

脳の認識を変える仕掛け

たとえば友達が、「ちょっと旅行に行くからうちのワンちゃんを預かってくれない? おとなしいコだから」と言ったとします。

あなたはふたつ返事で預かりました。しかしながらそのワンちゃんはとんでもなくヤンチャで、部屋中暴れ回ってひっくり返してしまいました。ほとほと手を焼きながらも無事友達にワンちゃんを返したあなた。

そして再び友達が、「また旅行に行くからワンちゃんを預かってくれない？」と言ってきたら、あなたは預かるでしょうか。たいていの人はこりごりですよね。

つまり、人はコントロールできないものは嫌なのです。

税金がわかりやすい例です。税金も公共料金も一律課せられるものであり、不公平さはありません。にもかかわらず、**税金の支払いや公共料金をいやいや払う人は多いでしょう。こうしていやいや払い続けると何が起きるでしょうか。**

「お金は自分でコントロールできないもの」と脳は認識してしまうのです。

そして、「お金は勝手に出ていくし、お金ってじつに面倒なものですね、じゃあ遠ざけましょう」となります。

「ワンちゃんはコントロールできない。だったらワンちゃんなんか来ないでほしい」という理屈と同じように、お金を受け付けなくなるのです。

一部上場した彼は早くからそこに気づいていたのでした。

「しなきゃいけない」という義務からやるのではなく、全ての支出が「自分の生きる目的と目標達成のため」という欲求からの戦略をとったことで、お金は自分でコントロールするもの、自分はコントロールできているのだ、という前提を芽生えさせたのです。

すると「またひとつ目標に向かって前進しましたね」と、脳が面白がります。

コーヒー代の支払いと生きる目的は直接関係なくても、潜在意識はそういうものだと解釈するのです。

「お金は自分次第」という前提になりますから、欲しければ入ってくるということが起きてきます。

「税金を払うのは苦痛」という前提を取り払う

私も税金を払うのが嫌でしたから、それまで必死で節税対策をしてできるだけ払わなくて済む工夫をしていました。

しかし、一部上場した彼の習慣を知ってから、それ以来無理な節税対策はきっぱりやめました。そして、

「俺が国を支えてやる」

と呟きながら税金を払うようにしました。

すると、支払う税金の額も大きくなりましたが、売上が3倍以上になったのです。

たまたま書類の不備があったので税務署に足を運ぶと、職員に突っ込まれました。

「最近、何していますか？」

「何しているもなにも、何も以前と変わりませんよ」

「売上、急激な伸びじゃないですか。来年決算の時に1回調査に行きますから」

あまりに急激な伸びで利益も出ているので、逆に税務署から不審がられて、そう予告されてしまいました。

支払い、特に税金や公共料金はインフラであり、それがどう自分にプラスになっているのか見えにくいので、脳の苦痛系が働きがちです。

しかし、「俺が国を支える」と言葉で苦痛系に意味づけをして、「節税対策をしない」という行動に変えたら、結果がガラッと変わってしまったのです。

やはりメタ無意識はそういう動きをするんだなと思いました。

望みを効果的に脳につかませる6つのステップ

なりたい自分に合わない前提なら、壊して新しい前提を作ればいい。そこで言葉はとてつもない力を発揮します。

「それは充分わかった。でも、なりたい自分がわからないんです」

そんな人も少なくないかもしれません。

人生をうまく運ぶためには、ゴールを明確にしないと進めません。そこで、望みであるゴールを脳につかませるための6つのステップをご紹介したいと思います。

ステップ❶ 避けたいことを洗い出す

まずコテコテの問題回避からやっていきます。

避けたいこと、なりたくないことをまず洗い出してください。

たとえば「貧乏になりたくない」「病気になりたくない」などが出てきます。

これは入り口です。

ステップ❷ ステップ❶の正反対の目標を立てる

では次に、どういう変化を作り出したいか。

この質問で、先ほどの答えをひっくり返します。

貧乏になりたくない→「お金が欲しい」。病気になりたくない→「健康になりたい」。

単純な答えが出てきます。

ここで問題なのは、「お金が欲しい」という目標を立てたことで、お金がある状態とない状態の両方をしっかり想像してしまっていることです。「自信が欲しい」と思った場合は、裏を返せば、前提として「自信がない」状態を想像しています。「お金がない」「自信がない」という状態も、想像してしまった以上、脳にとって実現すべき目標です。

このように方向性の違う2つの目標があることを**二重拘束状態**、あるいは**ダブルバインド**と言います。

このままでは脳はどちらを現実化していいかわかりませんから問題なのです。

しかしステップ❷は、ステップ❸❹を進めやすくするために、わざと二重拘束状態に入る大切なプロセスです。必ずここで終わらせず、次のステップに移りましょう。

ステップ❸ モデルを見つける

どこにも行けない二重拘束状態から抜け出るには、「では自分はどうなりたいのか?」という具体的な目標が必要です。そこでまず、あなたのモデルとなる人を挙げてください。

多くの場合、モデルになる人が出てきません。憧れの人がいないのは、資本主義のもとで自分の価値観を放棄している状態ですので、自分の価値観や感覚を取り戻していく必要があります。

憧れの人を見つけて、この人のどういう部分に憧れるのか、どうしてそういう人でいたいのか深掘りしていき、メタ無意識の形を整えてあげるのです。

書店、図書館、テレビ、ネット検索、人との会話などでいろいろな人を調べてください。

まず、好きな同性の芸能人や有名人は誰ですか?

この答えには、自分が男性として女性として、どう存在していたいのかという思いが表れ出てきます。

次に、性別に関係なく尊敬する人は誰ですか?

経営者、政治家、文化人、スポーツ選手、近しい人、誰でも構いません。

さらに、その人のどういうところを尊敬しますか?

すると、「こういう考えに惹かれる」「こういう行動に惹かれる」という答えが出てきます。これは、「本当の私はこういう人間であり、これが本当の私の姿だ」という、まだ体現されていない本当の自分です。

何をしたいかと考えてもすぐには思いつきませんが、何かにたとえるとスルッと出てきます。これが脳の特徴です。だからモデルとなる人を見つけてもらうのです。

ステップ❹ ステップ❸を踏まえて、具体的にこうなりたいと自分に置き換える

憧れの人の素質や動き、考え方を、自分が実際にそのように表現をするとどんな感じがするか、憧れの人の着ぐるみに入るようなイメージで重ね合わせていきます。「そうはいってもそんなことは無理だろう」と、引っかかってくる感情や思考のクセが出てきたら、第3章のメタプログラムの方向性を変えたり、記憶をやり直したりして、「できるかもしれない」「やりたい」に変えていきます。

さらに、憧れている素質で動き始めると、10年後、20年後、どんな結果になりそうか細かくイメージしていきます。たとえば、オフィスの様子、つき合っている友達や家族はどんな様子か。どんな環境で、どういう行動やふるまいをし、どんな能力や信念、価値観を持ち、自分についてどう考え、社会にどのような影響を与えているでしょう。何が見え、聴こえ、感じますか。だんだん妄想をはっきりさせていきます。

未来の記憶を思い出すのです。

ステップ❺「もっと」「さらに」を使って目標の表現を発展させていく

「もっと」「さらに」という言葉を使って、目標の表現を変えていきます。

たとえば、「集客数がこうなって、売上がこのくらいになっている」と表現すると、「いまはそうなっていない」という前提が入ります。「健康になりたい」というと、「いまは健康ではない」という前提になります。

脳は前提を現実化しようとしますから、「いまはそうではない」という状態が現実化してしまいます。ですから**「私はもともと健康で、もっと健康になりたい」**という表現にすると、前提が「いまは健康」というところから始まります。これはビジネスや対人関係でも同じです。こうして、**「もっと」「さらに」**という言葉をつけて目標を発展させていくのです。

こうしてやりたい状態を引き出し、いい形に置いておきます。

ステップ❻望ましい状態を達成しているかのようにふるまう

脳は身体の動きを見て信じ込みを作っていきます。

ですから、望ましい自分になってふるまうスケジュールを組んでください。数分単位で細かく、この人の前でこういう動きをするなど、完全になり切って、想像して、その様子をはっきりさせていきます。あとはスケジュールをこなすだけです。そのためにステップ❺で具体的に細かくイメージしているのです。

行動の回数が多ければ多いほど、脳はその動きを見て、「私ってこういう人なんだ」と信じ込み、「いままでの信じ込みは間違っていた。書き換えておこう」となります。

そして身体の各部位に、「私ってこういう人らしいから、みんなも協力してね」と指示が出ます。「この自分のほうが都合がいい」とわかると遺伝子はそれを書き残そうとするでしょう。

図12　望みを効果的に脳につかませる6つのステップ

ステップ① **避けたいことを洗い出す**

例：「貧乏になりたくない」「病気になりたくない」

↓

ステップ② **ステップ❶の正反対の目標を立てる**

「貧乏になりたくない」→「お金がほしい」

「病気になりたくない」→「健康になりたい」

↓

ステップ③ **モデルを見つける**

好きな同性の芸能人や有名人は誰？

性別関係なく尊敬する人は誰？

その人のどういうところを尊敬する？

↓

ステップ④ **ステップ❸を踏まえて、具体的にこうなりたいと自分に置き換える**

↓

ステップ⑤ **「もっと」「さらに」を使って目標の表現を発展させていく**

↓

ステップ⑥ **望ましい状態を達成しているかのようにふるまう**

意識を同一方向に向けるととてつもない馬力が出る

人間が何かを達成しようとするとき、さまざまな意識が連携して動き、その目的を達成していきます。

たとえば、車でどこか目的地へ行こうとする場合、次のようなさまざまな意識が連携をして、「車を運転する」という行為となり、「目的地に到達する」というゴールにつながります。

①進行方向を向いている意識
②バックミラーで後方を確認する意識
③車外の左右を見る意識
④アクセルを踏む意識

⑤ブレーキを踏む意識
⑥（助手席などに誰かが乗っていれば）その人と話をしたりする意識
⑦（音楽を流していれば）音楽を聴く意識
⑧運転をしながら何か考えごとをする意識　など

しかし、これらさまざまな意識が連携せずに、バラバラに動いたらどうなるでしょう？

バックミラーで後方を確認する意識が「いつも後ろばかりを見ているのはイヤ！今日は前を見たい！」とか、ブレーキを踏む意識が「普段、私を癒してくれないからグレてやる。今日はブレーキを踏まない！」など。ある意識は「俺は東に行きたい」、また別な意識は「私は西に行きたい」というように、その意識の意図や目的が連携せずにバラバラだと、なかなか前に進まないどころか、危険な事故も起こしかねません。

普通の人が大きな成果を出せないのは、このように人格を構成する意識の各層がバラバラな方向を向いているからです。一方、効果的なメタ無意識パターンをセットし、意識の向く方向を統一して、各意識を連携させていくとどうなるでしょうか？

きわめて強い馬力が出て、とんでもないことを成し遂げることも可能になってきます。

では、何かを達成することに対して強い馬力を発揮させるため、どのように各意識の向く方向を統一して、連携させていけばよいのでしょうか。

あなたという存在を定義する「セルフイメージ」

ＮＬＰの考え方の１つに、次ページに示す図13のような構造の**ニューロロジカル・レベル**というものがあります。

これは、「私はどういう人なのか？」というセルフイメージの構造のようなもので、人を強く動かすための人格の構造の１つのパターンともいえます。

そして、さまざまなメタ無意識パターンを横軸に、このニューロロジカル・レベルの階層を縦軸として、「私はどういう人なのか？」というセルフイメージ（人格）を構成する意識を、同じ方向を向くように整えていきます。

図13　ニューロロジカル・レベル

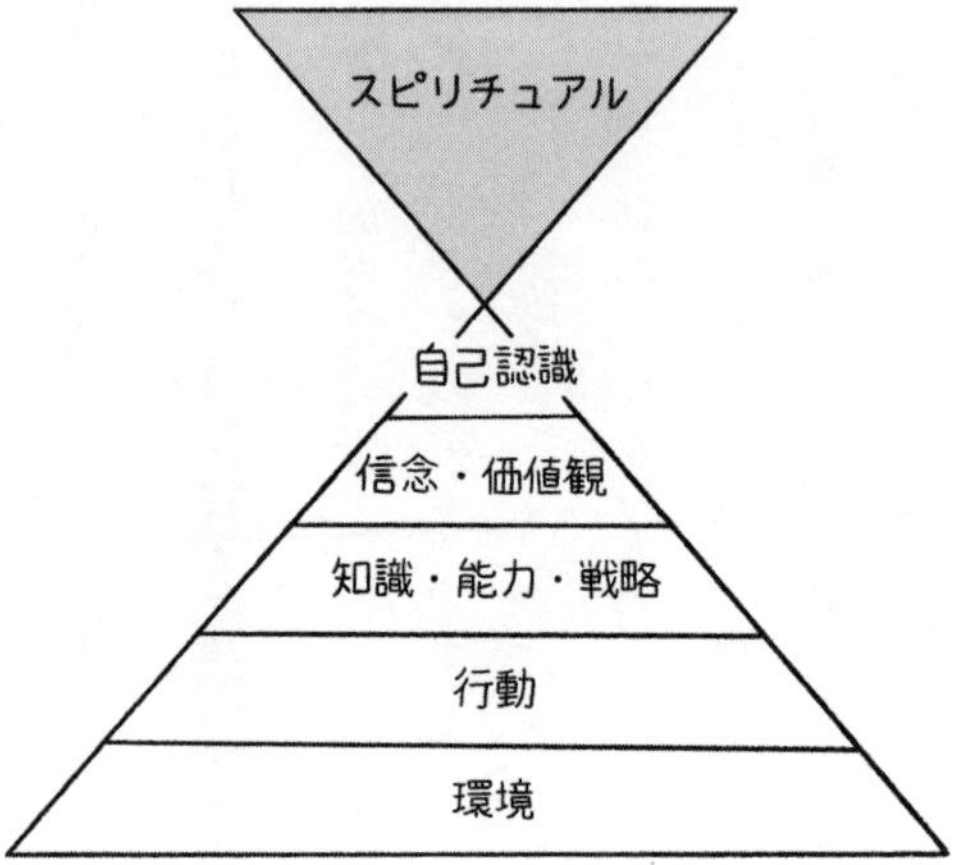

◎スピリチュアル・レベル

自分を超えた存在（地域・社会・世の中など）に対して、どのような価値をもたらしたいか？　大自然や宇宙とのつながり、大きなシステムの一部であるといった感覚のレベル。

◎自己認識レベル

自分を超えた存在に対して、思い描く価値をもたらすために、どういう自分でいるか？　自分で自分のことを、どういう人だと認識していると効果的か？　自分は誰なのか、自分の存在理由、使命を意識するレベル。

◎信念・価値観レベル

思い描く自分でいるために、どのような思い、前提、信じ込みを大切にしていると効果的か？「どうして、それを達成することが大切なのか？」に対する答えでもある。

◎知識・能力・戦略レベル

そのような思い、前提、信じ込みを大切にしながら達成していくためには、どのような知識・能力・才能・技術・戦略が必要か？

◎行動レベル

目標を達成していくために、具体的に、どのような場面で、どのような行動やふるまい、発言などをしていくか？

◎環境レベル

目標を達成していくために、どのような環境に身を置いていくべきか？　自分のいる環境について、どう解釈・認識をしていくか？　どのような対人関係をつくっていくか？

ゴール達成を加速させるために、セルフイメージを整える

たとえば、スピリチュアルレベルで、社会や世の中などに対して、どのような価値をもたらしたいのかがハッキリとしていなく、自己認識レベルで「私には価値がない」「自分は無力だ」と認識していると、次のような無意識が作り出す経過をたどります。

①信念・価値観レベルでは「私は価値がないし、無力だから、素晴らしい成果を作り出してはいけない。成果を出さないためにも、じっとしていよう。世の中は思い通りにならないし、何もしないほうが無難だ」という前提を作り出す。

↓

②「素晴らしい成果を作り出してはいけない。成果を出さないためにも、ムダに役に立たない知識を身に付けなきゃいけない。そして、何か頑張っている人のフリをしてやり過ごそう」という戦略を考え出す。

③とにかく結果を出さないように無駄な行動をして「頑張ってもうまくいかないんだよね」という発言をしながらダメな自分を表現する行動をとる。

↓

④**「私は価値がない無力な人間だから、そういう人扱いしてくれるブラック企業を探して就職しなきゃ」「私は価値がない無力な人間だから、ダメ扱いしてくれるダメ男と付き合わなきゃ」**と、自分をダメにする環境や対人関係をしっかりと作り始めたり、**「この人は仕事ができないな」「この人は能力がない」**と評価される対人関係や環境に身を置き始めたりする。

↓

このように、背景にセットされているメタ無意識パターンと、ニューロロジカル・レベルごとにセットされている思考パターンが、見事に無自覚のうちに現実化してきます。

そして、「素敵な仕事もして、素晴らしい成果も出して、素敵な恋人を作って……」と表の顕在意識で望んでいることとの深刻な葛藤が起き、「何かうまくいかない」ということが起きてくるのです。

そこで、「いや、絶対にうまくいくって信じなきゃ！」「自分には努力が足りないんだ！」などと気合いを入れたりします。

でも、これって、すごく非効率だと思いませんか？

うまくいく人生を歩みたければ、ニューロロジカル・レベルの各階層別に、効果的なメタ無意識をセットしながら、ニューロロジカル・レベルの方向性を整えていくのが、きわめて近道かつ効果的なのです。

ニューロロジカル・レベルを統一させる実例

◎スピリチュアル・レベル

世の中の人達に「人は自由になれる」ということに気づかせていくことが目的だ。

↓

◎自己認識レベル

私は、「人は自由だ」ということを体現する存在であるとともに、私と関わる人たちに「人は自由になれる」と気づかせる存在だ。

◎信念・価値観レベル←

身の回りの現実は自分の意識が投影して作られるものであり、必要なことしか起きない。現実にどう解釈をつけるかは自由だ。

◎知識・能力・戦略レベル←

1日10個以上「やっぱり、人は自由だ」と感じる出来事をみつける。そして、身の回りに起きる現実をすべて「自分原因型」「未来基準」で分析していき、メタ無意識パターンを日々チェックして、自由に効果的な形に整えていく。

◎行動レベル←

「やっぱり、人は自由だ」と感じるエピソードや、身の回りに起きる現実を自分原因型、未来基準で分析することの楽しさや効果を、日々、身の回りの人たちに話したり、SNSで発信していく。←

◎環境レベル

自由を取り戻したいクライアントからの問い合わせが、じゃんじゃんと舞い込んでくる。私の生き方に共感する人が増え続けて、SNSでも口コミが広がっていく。

このように、第3章の「うまくいく人の14の成功脳パターン」のようなメタ無意識のパターンになるようにセットしていきます。

前節で解説をした6つのステップも、ニューロロジカル・レベルを整えるために効果的なステップになっていますので、併せて取り組んでみることをお勧めします。

NASAのレーザー光が月まで届く理由

人間も物質も、分子の集まりであり、分子は原子の組み合わせから成ります。その原子も、原子核と電子という量子から成り立っています。電流というのは、原子核に捕らえられていない自由電子が担っており、自由電子が移動すると電流が発生する仕組みになっています。

歌舞伎町や渋谷、ニューヨークといった、夜の明かりが眩《まぶ》しい街があります。それは何百万ワットという高い電気の消費量です。**そんな昼のような明るさのニューヨークの夜のネオンも、月からは見えません。何百万ワットを使っても、月まで光が届かないのです。**

ＮＡＳＡには、月と地球の距離が測れる機械があるそうです。月面に設置された鏡に向かって、地球上からレーザー光を発射すると、反射光が戻ってくる時間で、月との距離を10センチ単位で測れるそうです。

つまり、マンハッタンや歌舞伎町など大都市の明かりは月まで届きませんが、レーザー光は月まで届くのです。

そのレーザー光が何ワットかご存じですか？

大都市の明かりが何百万ワットであるのに比べて、ＮＡＳＡのレーザー光はわずか15ワットしかありません。蛍光灯以下なのです。

何が起きているのでしょうか。

蛍光灯やネオンサインなどの街の明かりは、電子がバラバラの方向に向いているので、前に進みません。しかし、レーザー光の電子はすべてが同じ方向に向いているので、馬力を発揮するのです。

毛利元就の3本の矢の逸話のように、矢も1本だけだと折れやすいですが、3本束ねると強靭《きょうじん》になります。電子も、向きがバラバラだと明るくても距離は出ませんが、同じ方向に揃えると月まで到達するのです。

同じくセルフイメージも、自分の環境レベル、行動レベル、能力レベル、信念・価値観レベル、自己認識レベル、スピリチュアル・レベル、それらすべてを統一して同じ方向に向けると、どんなに小さな力でもレーザー光のように馬力を発揮するようになるのです。

図 14　ニューロロジカル・レベルを統一させると……

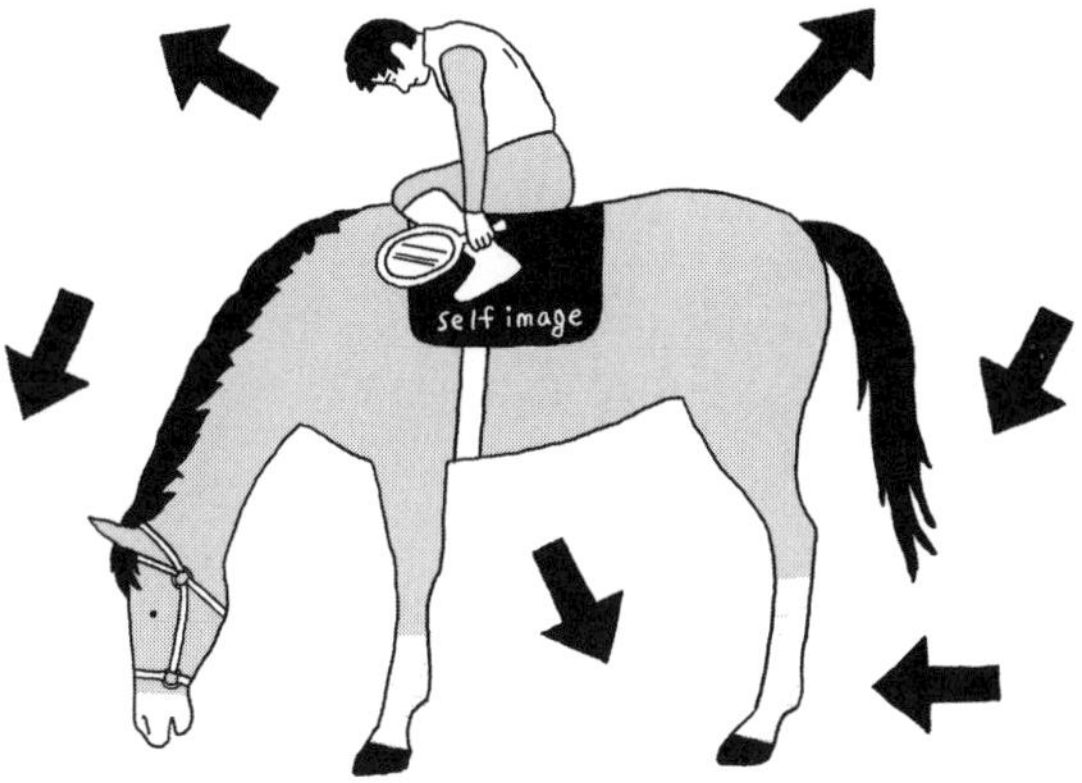

ニューロロジカル・レベルの方向がバラバラで馬力が出ない状態

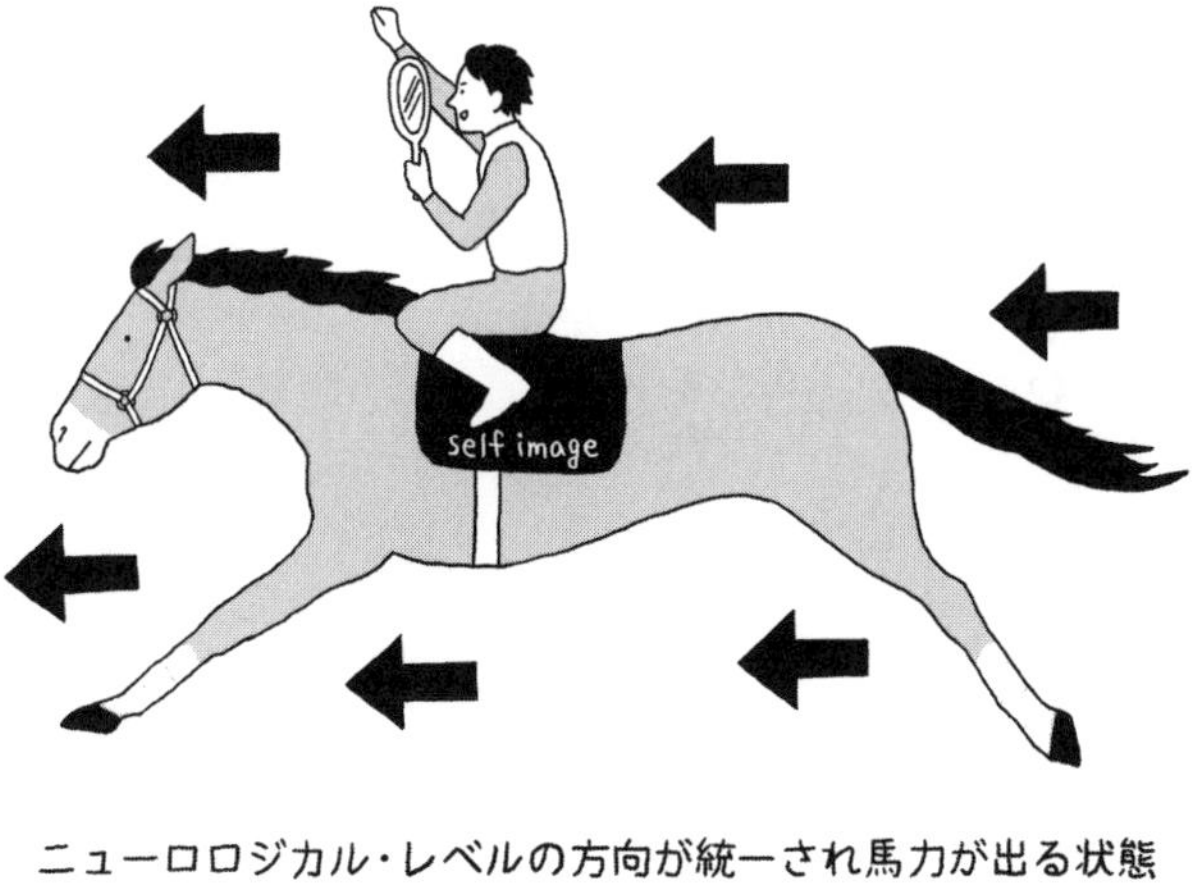

ニューロロジカル・レベルの方向が統一され馬力が出る状態

間違った「信じ込み」が形成されるプロセス

日本の大学で、こういう実験を行いました。

人を10人集めて、5人ずつのグループに分けました。

第一実験群には**「自分が素晴らしいと思う点を5個挙げてください」**という指示を出しました。戸惑いながらも、1〜2分のあいだに、「自分のこういう点が素晴らしい」という項目を5つ出すことができました。

そのあとに、「自分で自分をどういう人だと思いますか?」と聞くと、**「けっこうイケてるやつだと思う」といったポジティブなセルフイメージ**が出てきました。

それに対して第二実験群では**「自分の素晴らしい点を30個挙げてください」**と指示を出しました。その結果、数個は出せたけれど、30個は出せませんでした。その後、

「自分で自分をどういう人だと思いますか?」と質問すると、**「自分は情けないダメな人間だ」というネガティブなセルフイメージ**が出てきました。

脳は「すぐに思い出せること」を正しいと判断してしまう

大学側はこの実験の真価に気づいてなかったようですが、私はある重要なことを証明してくれていることに気づきました。

それは、**どのように信じ込みが作られるかというプロセス**です。

第一実験群は、1~2分のあいだに自分の長所が出てきました。5つくらいであればすぐ思い出せるからです。ところが、第二実験群は、すぐには30個も思い出せませんでした。

脳は、すぐに思い出せることは正しいと判断します。逆にすぐに思い出せないことは間違っていると判断し、その結果、セルフイメージも変わってしまいます。

つまり信じ込みは、内容ではなく、思い出すスピードに起因するということです。

早く思い出せるかどうか次第だったのです。

だから私は、適切な目的の下に、適切なメタ無意識で構成されたパターンの行動をたくさんとらせます。行動をたくさんとると、自分はこういう人で、こういう行動をとっている。昨日も一昨日も行動をとった、とすぐに思い出せるので、セルフイメージに対して「私は効果的なメタ無意識で動く人だ」という信じ込みが定着します。そのために行動を頻繁にやらせるわけです。

たくさんの行動は、振り返りとセットになります。

いま、ビジネスで問題を抱えている人や病気の人に協力してもらっているのは、「今日はどういう行動をとったか」、そして「どういう意図でそれを行ったのか」という1日の振り返りです。ビジネスパーソンでいえば営業日報のようなものでしょうか。行動や発言の意図を洗い出すと、だいたいが問題回避か、自分の正しさを証明するパターンが多いので、そのずれを調整します。

改めて、その時に使っていたメタ無意識のパターンを確認して、「問題回避型→目的思考型」「プロセス型→オプション型」「他者基準→自分基準」にするなど、効果的なパターンの組み合わせに変更し、次の機会には都合のいいパターンで行動してもらうのです。

マイナス思考戦略ですべてを「想定内」にしておく——脳の海馬を調整する

外部で「何か知らないこと」「危険なこと」「アクシデント」など、想定外のことが起きると、記憶を保存・管理している脳の部位でもあり、ストレスを管理する部位でもある**「海馬」**という部位に、**コルチゾールというホルモン物質**が分泌されます。

そして、外部で起きている「何か知らないこと、危険なこと、アクシデントに対応する方法がないか」と、脳の海馬が記憶の中から探そうとし始めます。

その時点から、苦痛な情報処理をする脳の神経ネットワーク**「苦痛系」**が作動し始めて、ストレスを感じさせるホルモン物質が体内に分泌され、身体が**「危機回避モード」**に入ります。

この状態がいわゆる**「ストレスがある」**と呼ばれる状態です。

海馬の中で対応方法が見つかり「これはクリアできる！」と脳が判断すれば、〝危機回避モード〟は緩み始め、苦痛系も働きを止めていきます。

負のループを食い止めるマイナス思考戦略

しかし、対応方法が見つからず、「これはクリアできない！」と脳が判断すれば、危険を察知させるために、次のようなループに陥ることになります。

さらにコルチゾールが分泌され続ける
←
脳の〝海馬〟がダメージを受け続ける
←
新しい記憶が更新されにくくなる
←
脳の〝苦痛系〟が作動し続ける
←
ストレスを感じさせるホルモン物質が体内に分泌され続ける

身体が〝危機回避モード〟に入り続ける

このような状態が続くことにより、ビジネスがうまくいかない、対人関係がうまくいかない、病気が発生・継続してしまう……といった現象が発生してくるのです。

この負のループを食い止めるにはどうしたらいいか？

まず、余裕があるうちに「こういうことが起きたら、こう対処しよう」と、対処方法を想定し、起きてほしくない出来事をどうとらえるのか、メタ無意識のパターンの組み合わせを見直し、脳の海馬に学習させておくのです。

海馬の調整をしておくと、海馬にコルチゾールが分泌されても、海馬はダメージを受けず、海馬の細胞が活性化し始めます。

つまり、脳内のプログラムの新陳代謝をしておくことが効果的なのです。

これを私は**「マイナス思考戦略」**と呼んでいます。

ドナルド・トランプさんはアメリカ大統領であると同時に不動産王でもあります。

彼の本にはこんなことが書いてありました。

「自分が不動産投資をするとき、まずその不動産投資が失敗したらどういう損失や風評被害があるか、リスクを徹底的に洗い出す。そして金銭的な損失はこの利益で穴埋めし、風評被害にはこう対処するなど、徹底的に考える。そしてカバーできると判断したものしか手を出さない。それがルールになっている」

もちろん失敗も数多くありますが、結局は不動産王になったのです。

これがまさに、**「マイナスは避けるものではなく利用するものだ」というマイナス思考戦略**です。

ホリエモンも実践していたマイナス思考戦略

通称ホリエモンこと堀江貴文さんもその戦略を使っていたのだろうと思います。

ライブドア事件で逮捕される前、取材陣に**「想定内ですから」**とよく言っていました。つまり、「こういうことが起きるのではないか」と、あらゆることを想像していた。だからこそ、刑務所に収監されても、また社会復帰しても、タフに動けるのではないかと思います。

効果的なメタ無意識のパターンの構成で、マイナス思考戦略を立てて、そのパターンに慣らしておくことが、ビジネスでも健康でも重要なのです。

潜在意識は手っ取り早く現実化する

思考はいともたやすく現実化するが――

「思考は現実化する」という考え方が流行《はや》っていた時期、数々のセミナーが開催されていました。

そのひとつに参加したある人は、単純に札束をイメージしていました。その後どうなったかというと、交通事故に遭い、保険金という形で確かに現金が入ってきたのです。

別のある人は、札束が積んである写真をパソコンの待ち受け画面にしていました。

「これ、危険じゃないですか?」と私が言うと、「いや、セミナーで教えられたから」と言いました。

そこで何が起きたでしょうか。

彼は地方の郊外に住んでいる人で、庭に家庭用焼却炉がありました。そこで枯葉やゴミを燃やしていると、家から小さな子供が出てきて、目を離した隙に、燃えている焼却炉に抱きついてしまったのです。子供は大火傷《やけど》、そしてちゃんと保険金と見舞金が入ってきました。

とても恐ろしい話ですが、これは実話です。

潜在意識は単純ゆえに注意が必要

望めば確かにお金は入ります。

しかし、**潜在意識は単純なので、手っ取り早い方法でやろうとします。**

「これだけ稼ぐ」と意図したら、「こういう仕事でこんなふうに集めてね」と方向性を指し示しておかないと、「お金が欲しいんですね。はい、作りました」と望まぬやり方で集めてくるので、実は危険なのです。

病気などは最たるものです。

「休みたい」と望んでいると、潜在意識は「休みたいんですね、じゃあ風邪をひきま

しょう」と実行します。

私も、起業したてのころはとにかく仕事が欲しいので、闇雲に受注していました。なかにはやりたくない仕事もあります。

そうするとまず私が起こしたのは、腎臓結石。あれは痛いんです。そして尿路結石、大腸ポリープ。入院せざるを得ない状況を作って、「すみません、実はこういう事情で……」と、仕事を断ったり、納期を延ばしてもらったりして休んでいました。

クライアントも入院と聞けば責めにくいでしょう。

しかしさすがに私も、これでは迷惑をかけるし信用も失うと気づきました。

何でも引き受けるのではなく、「自分の生きる目的に合ったものは引き受ける」「合わないものは引き受けない」と基準をはっきりさせることで、病気はしなくなりました。

潜在意識との約束は守る

仕事が立て込んでくると、休めない状況になりがちです。適度に心身を休める必要があるにもかかわらず、「いまは休んでいる場合じゃない」「やるしかない」と無理に自分を駆り立ててしまいます。

そんなときは、「いまは重要なときだから協力して。一段落したらしっかり休むから」と、潜在意識と相談することが大事です。

その約束を守らないと、本当にひどいことになります。

たとえば突然ぎっくり腰になって休まざるを得ない……といったような状況になるのです。潜在意識は協力を頼めば動いてくれますが、約束を破ると、「休むと言ったのに忘れたのかな。だったらわかりやすいメッセージを出さないと。動けないようにしてあげます」と、強制的に休ませるのです。

潜在意識との約束は守らないと危険なのです。

潜在意識はすべてをそのまんま受け取る

まだ身体に出るくらいだったらいいでしょう。

約束を破り続けると、意識の指示系統がめちゃくちゃになってしまいます。

たとえばお父さんが小さな子供に、「今度のテストで満点とったら、お前が行きたかったテーマパークに連れて行ってやるぞ」と約束し、子供は頑張って満点をとりました。

しかしお父さんは**「ごめん、忙しくなっちゃって」**と、連れて行けませんでした。

また、「テストで満点とったら、お前が欲しがってたゲームを買ってやるぞ」と約束して、子供は頑張って満点をとりました。でもお父さんは**「ごめん、小遣いがなくなっちゃって」**と買い与えませんでした。

次に**「今度満点とったら……」**と言うと、子供は**「どうせまた嘘だ。満点をとると逆に望みが叶わない」**と学習し始めるのです。

図 15　潜在意識との約束を破ってはいけない

潜在意識も、すべてを純粋に肯定的に受け取ります。潜在意識との約束を破り続けると、「やると言ったことは、やらないようにサポートすればいいんですね」と解釈してしまうのです。だから目標を立てても、「やると言ったことはやっちゃいけない」とブレーキをかけ、肝心なときに言うことを聞いてくれなくなります。

潜在意識との小さな約束は守り続けること。

やると決めたことをちゃんとやっていれば、「それをサポートしなくちゃいけない」と潜在意識は応えます。それが積み重なって潜在意識は強い協力者になるのです。

記憶をやり直す

テレビ朝日系列の『あいつ今何してる?』という番組があります。

芸能人が学生時代の卒業アルバムを見て、当時のことを振り返り、「あの子は昔こんなことをしていた」と言います。その記憶をもとに、番組スタッフが「そんなことが本当にあったのですか?」と、同級生本人に確かめに行くのです。

しかし実際は、中学時代の同級生が集まって、「そんなのないよね?」「なかったなかった」「あいつの記憶は間違ってるんじゃない?」と口を揃えて言うシーンもよくあります。

いかに記憶があてにならないかということでしょう。

記憶を都合よくでっち上げる脳の特性を利用する

よくも悪くも、人は記憶に振り回されます。目の前に犬が現れたとき、犬にかまれた記憶がよみがえれば「うわっ、犬だ、怖い」と反応するでしょうし、犬と遊んだ楽しい記憶がよみがえれば「あ、ワンちゃんだ、かわいい」と反応したりもするでしょう。

ところが、脳は都合よく記憶をでっち上げます。そして、記憶が真実かどうか、脳には関係ありません。

であれば、都合が悪ければ、「あれ？　ちょっと待って。実はこういう記憶だったんじゃない？」とやり直せばいいというわけです。

しかもそれは現実離れした内容でいいのです。

親から虐待を受けていた人の場合、私がセッションでよくやるのは、当時の自分が身長300メートルくらいの巨人になったとイメージさせます。すると、虐待していた親が、巨人化した自分の足元にいて、足の指をパンパン叩いているのが見える。

「それ、どう思います?」

「なんかくすぐったいだけ」

「じゃあ、『邪魔』と言って、お父さんを指でつまんで、横によけてください」

そうイメージしながら演技してもらいます。するとそこからその人は、「私はやりたいことをやるから邪魔しないでね」と、人生を前に進み始めるのです。普通に考えると「そんなのおかしいでしょ」という設定でかまいません。

以前、「上司との仲が悪くて会社を辞めようと思うんです」という人がいました。聞くと、上司が怒り出すと自分は何も言い返せず、うまが合わない、というのです。

「人間関係がうまくいかないことは昔からあるの?」

「ちょいちょいあります」

「人間関係がうまくいかないとき、どういう記憶に紐《ひも》づいている?」

「そういえば、子供の頃にいじめられていました」

その記憶が、「いじめられた」というところで終わっていたからダメージになっていたのです。そこで私は記憶をやり直させることにしました。当時の彼の正義の味方は仮面ライダー。

「じゃあ私はその役で登場するから、当時に戻ってみよう。君がいじめられていた公園にいじめっ子を呼び出して、いじめられるふりをしてやり返そうぜ」

最初はいじめられますが、彼は途中から怪力になり、私も仮面ライダーで登場し、ふたりでやり返す、というストーリーです。

なおかつ、やられっ放しの反映分析型から主体行動型へ、嫌なことを避ける問題回避型から「こういう目的でやり返す」という目的志向型へ、「なぜ、この出来事が起きたのか?」という悲観基準から「何のためにこの出来事が起きたのか?」という楽観基準へ、というメタ無意識の構成のストーリーで記憶をやり直し、実際に、その場で3~4回繰り返し演じてもらいました。

こうして新しいメタ無意識のパターンの記憶を作ってしまったのです。

それで何が起きたか。

その人は、私が役員を務めていた会社の社員だったのですが、見事に上司に言い返していました。それで、会社を辞めないことにしたのです。

演じたことで流れが変わりました。

このように、足を引っ張っている記憶はどんどん洗い出してやり直し、あとは現実との兼ね合いで調整していけばいいだけなのです。

本当は恐ろしい中途半端な心理療法

記憶をやり直す、というのは珍しい心理技術ではありません。しかし、脳の仕組みを充分理解せず、中途半端に行うと苦しい結果になってしまうことはよくあります。

きわめて危険な「インナーチャイルド療法」

セッションを受けに来た人に対して、私はいままでどういうセラピーやカウンセリングを受けたことがあるかをいつも聞き取り調査しているのですが、女性に多いのが**「インナーチャイルド療法を受けていた」**というケースです。

私は詳しくないのでどういう内容かを聞くと、たとえば自分のなかの癒されていない子供に出てきてもらって、いい子いい子して、育て直して、元に戻すイメージをするのだそうです。

ある女性は、家でもやってみようとしたのですが、「やるたびに吐き気がするんです」と言います。私は、「危険なので、まずはそれをやめてください」と言いました。

この療法のまずい点は、「癒されていない自分＝悪いもの」が自分のなかにあるという前提で話が進んでおり、その前提が悪さをしていることです。

これはフィジカル型という無意識のパターンで、癒されていない自分があたかも存在しているかのように信じ込んでいるのです。

似たような形で、前世療法を受けて「私は今生で罪を償わなければいけない」と言ったりする人もいます。誰に刷り込まれたかは知りませんが、それが信じ込みというものです。こうした療法は真似しやすいので、ちょっと習っただけで教え始める人が多いのも遠因かもしれません。

脳の単純なメカニズムを無視した心理療法

メンタルクリニックでは、性的虐待や性的被害に遭った人の治療法として、記憶のやり直しは一般的だそうです。

その際、イメージのなかで「加害者を煮るなり焼くなり好きにしていい」と教わり、加害者に火をつけて燃やしたり踏み潰したりして記憶をやり直すのだそうです。

しかし、その二次被害者が私のセッションによく来るのです。「具合が悪くなる原因はそれですよ。危険だからやめましょう」と私は言います。

脳は単純なところがあります。自分が男性を燃やしたり潰したりするイメージをすると、「男性は自分に害を及ぼす嫌な存在だ」という前提ができてしまうのです。だから夫婦関係や恋人関係がおかしくなるのです。

私はそういう性的被害者には、自分を巨人化し、足元にいるよくわからない加害者をつまんで、「はい、邪魔」と、横に避ける、あるいは「私はやりたいことがあるからあんたのことは相手にしない」と、またいで前に進んできてもらう、ということをやっています。

これからは、セラピーを受ける側も、無意識のメカニズムに関する正しい知識を身につけていく必要があるかもしれません。また、脳内プログラムを効果的なメタ無意識のパターンにしておくことが重要です。

ミリオネア脳の人は価値基準をハッキリさせている

価値基準とは、仕事なり家庭なり、自分がどういう抽象的な価値を大切にして行動しているかというメタ無意識の指標です。

たとえば自分がビジネスにおいてどういう価値基準で動いているのかを知りたいとき、信用、利益、喜びなど、自分の思いつく価値観を書き出します。だいたい5～10個ほどで充分です。

正方形のポストイットに1枚1個ずつ書き出して、現在はどういう順番になっているか並べてみるとわかります。その価値基準を調整するには、順番を入れ替えたり、都合のいい価値に置き換えたりします。

人は、価値基準の高いことに時間と労力を費やします。お金が欲しいと思っていても、価値基準にお金が入っていなければ稼ぐことにエネルギーを使おうとしないので、

お金が入ってくるのを待つ消極的な姿勢になります。

価値基準は本気度合いに関与します。問題を解決したい、望みを達成したい。これらの願望と価値基準が合っていなければ調整する必要があります。

成功者の価値基準と因果関係のカラクリ

私は起業家の価値基準に興味があるので、成功者の方に確かめさせてもらうことがあります。

立ち上げた会社が一部上場企業になったある創業者。さぞお金の優先順位が高いだろうと思って聞くと、1位「信頼」、2位「貢献」、3位「成長」ともっともらしいことが出てきます。これだけ稼いでいるのにお金が上位にないなんておかしい……。

最初は謎だったのですが、よくよく聞いていくと、判明しました。

すべての価値観にお金が紐づいていたのです。

信じ込みは「因果関係」によって作られます。たとえば、がん（原因）になると死ぬ（結果）といった因果関係があるように信じているのです。

そこで彼は次のように因果関係を紐づけました。

図16　成功者の価値基準と因果関係

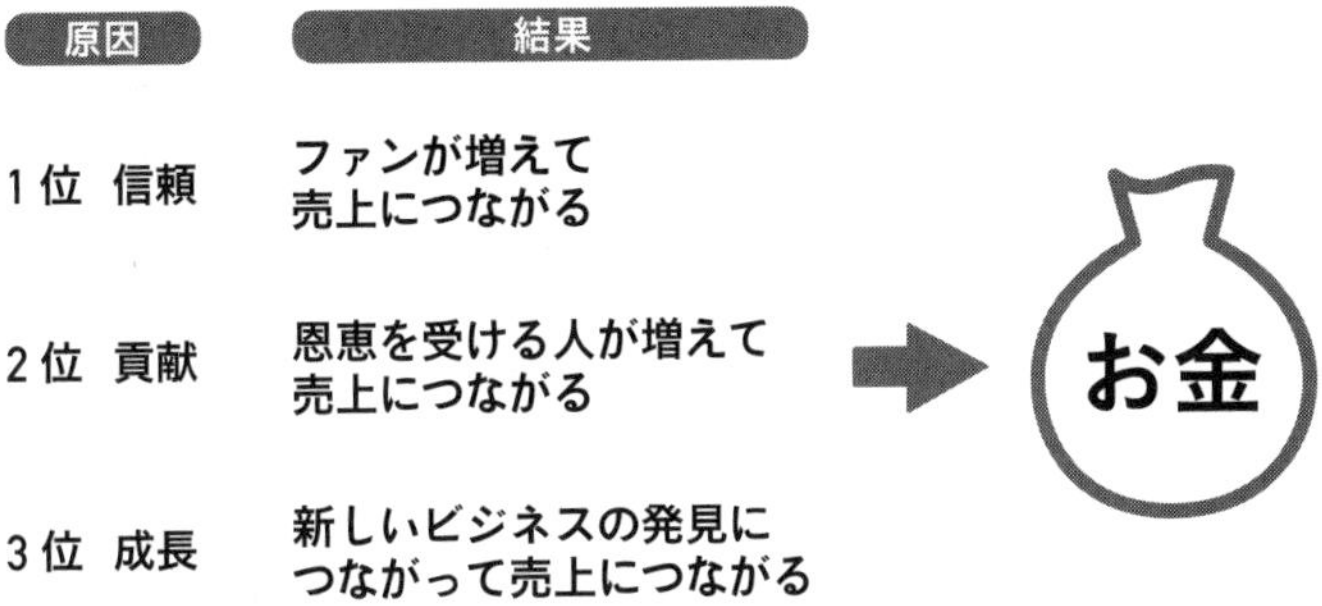

1位「信頼」を大切にしているとファンが増えて売上拡大につながる。2位「貢献」は社会に貢献すれば恩恵を受ける人が増えて売上につながる。3位「成長」は成長が新しいビジネスの発見につながって売上に結びつく。

こうして何をやっても売上（お金）に帰結するよう因果関係を仕掛けてあったのです。

それを聞いて私は、「そりゃあお金が入ってくるわ」と思いました。

「自信も感覚も自分次第」という前提に変えていく

「なんとなく」を数値化する方法――病気もビジネスも「思い込み」が9割

ビジネスでもなんでも、自信は必ずしもなくていいと思います。**自信が欲しければ、あとでくっつければいいからです。**

たとえば**「確信度合い」をコントロールするやり方**があります。

ビジネスであれば、まず「今日の商談がうまくいく確率は何パーセントくらいか」と自分に問いかけます。「だいたい30パーセントくらい」「70パーセントくらいかな」と、漠然とした数字が出てくるものです。

そこで「どうして30パーセントなのか?」「どうして70パーセントなのか?」と、一度根拠を確かめるのです。すると、何らかの理由が出てきますから、それを把握しておきます。

そして、確信度合いが70パーセントであれば、パソコンの明るさを調整するように、確信度合いを30パーセントくらいにわざと下げてみます。

すると、どんな感じがするか。

「なんだか今日の仕事がうまくいかない気がしてきた。じゃあ90パーセントくらいに上げてみよう。するとどんな感じか。これなら普通にうまくいくだろう」

こうしてわざと上げたり下げたりしてみるのです。

そして、自分のしっくりくる度合いに設定しておけばいいだけです。ビジネスの場合は80〜95パーセント、病気をやめる場合は90パーセント以上は強すぎるので、だいたい70〜80パーセントがうまくいくようです。

普通の人は、「なんとなく自信がない」「なんとなくうまくいきそうな気がする」と、「なんとなく」に振り回されています。

この「なんとなく」を数値化してコントロールしてしまうのです。

これに慣れてくると、「自分の感覚は自分次第」という前提が芽生えてきます。

「それなら今日は何パーセントでいこう」と、自分のやりたいようにできてしまうのです。

私はこれを、病気の人にも試してもらっています。毎朝起きて、「自分の病気が消える確率は何パーセントくらいだと思うか」とやるのです。

なかなか治らない人は度合いが低い傾向があります。

そこで、「どうして30パーセントだと思うのですか？」と聞くと、「医者がこう言ったから」という答えが返ってきます。「それが原因ですね。そのパーセンテージを上げ下げしてみてください」。そして、「どのくらいのパーセンテージでいこうかな」と、自分で毎日朝昼晩とチェックしてもらうと、やはり病気も改善してきます。

ビジネスも病気も同じです。いまの確信度合いはどれくらいか、その根拠は何だろう。こういう信じ込みがあったんだな、じゃあ確信度合いを上げ下げしてみよう。それだけで感覚が変わります。

これは、メタ無意識の領域の、情報をとらえている器のコントロールです。何を信じているのかという内容ではなく、確信度合いを変えるだけで、「無理そうな気がする」から「できそうな気がする」と変わってしまうのです。この「なんとなく」という感覚（悲観基準→楽観基準）が重要です。

願望を実現させるためには「頑張る」「努力」「目指す」は禁句

ここで、ちょっとした実験をします。

①まず、目の前にペンを用意してください。
②次にそのペンを取ってください。
③今度は、そのペンを取ろうと頑張ってみてください。
④次に、ペンを取ろうと努力してみてください。
⑤最後は、ペンを取ろうと目指してください。

ここで③〜⑤のときにペンを取ってしまっては「頑張る」「努力する」「目指す」ことにはなりません。ペンを取ろうと「頑張る」「努力する」「目指す」ことと、実際に

「ペンを取る」のは別なことです。

つまり、「頑張る」「努力する」「目指す」ということと、「ペンを取ること」はまったく関係ないのです。

「頑張る」「努力する」「目指す」は**人間重視型**で、頑張る、努力する、目指すという体験の途中に焦点が当たっている**体験基準**です。頑張ること、努力すること、目指すことが目的になっているからうまくいきません。

一方、「ペンを取ること」にフォーカスするのは**物質タスク重視型**で、**目的基準**ですから、結果は容易です。

子供たちにこのデモンストレーションをすると、すぐに気づきます。

模擬試験では満点を取れるのに、本試験では及第点も取れず落ちるというのは、「ペンを取る」という目的に焦点が当たっていないから。頑張る、努力する、目指すということと、望みを叶えることは別のことなので、**「頑張れ」「努力しろ」「目指せ」という教えでは、望みは達成できない**と理解します。

物質タスク重視型、目的基準に切り替えてみると、ペンを取ることができる。本当に、ちょっとした違いなのです。

言葉と魔法は全く同一のものである

中世ヨーロッパで魔女狩りがあったのをご存じの方も多いと思います。実は日本でも江戸時代に魔女狩りのような事件がありました。

魔女狩りとは、妖術を使ったとされる男女に対して、裁判や刑罰、あるいはリンチなどが加えられる事件のことです。

魔法使いを野に放っておくと共同体や当局が乗っ取られるのではないかという恐怖が生まれ、疑わしい人物を集めて裁判なり処刑なりするという事件が起きたのです。

精神科医のフロイト（1856〜1939）は、「魔法使いとは何者か」に興味を持ち、研究し始めます。そこで発表したのは、次の見解です。

「言葉と魔法は全く同一のものである」

つまり、魔法使いは言葉の使い方を知っている人たちだったというわけです。

さらに私見を述べるなら、魔法使いはメタ無意識を動かす言葉の使い方を知っている人たちだったと思います。

人は言葉で直接指示されてもその通りに動きたくありません。しかし、**メタファーやストーリーの暗示があり、「自分でひらめいたのだ」「自分がやりたいからやるのだ」という自己決定感が生まれると、いい信じ込みが定着して行動に移せます。**

昔話や宗教説話などは、ストーリーで脳に学習させようとする仕掛けのひとつです。

ビジネスでも、またスタッフ育成においても、たとえ話やストーリーを上手に仕掛けることで、相手のメタ無意識のパターンを変えることも可能になります。

雑談のなかで相手の脳内ストラテジーをリサーチする

うまくいく人といかない人の脳内ストラテジーの違い

人には脳のクセがあります。何かをするとき、こういう順序で情報処理をするという**「脳内ストラテジー」**です。

たとえば、片付けられない症候群の人と、片付けが得意な人がいます。

片付けられない症候群の人は、まず「片付けなきゃいけない」という**義務**の声が内部で聞こえます。次に、「まずここを片付けて、次に掃除機をかけて……」と、やることに焦点が当たった**体験基準**になっています。やることを2~3個考えるとめんどくさくなって、「そうだ、他にやることがあった」と用事を思い出す。結局「今回もやらなかった」と後悔の言葉が浮かんできます。

一方、片付けが得意な人は、「掃除しよう」という**欲求**の内的会話があります。次に、掃除し終わった映像が思い浮かび、スッキリした感じを味わおうと意図します。**目的基準**です。そこで「よし、やるぞ」と欲求の内的会話があり、淡々と行動し、「よし、予想通りの爽快感だ」と味わい直す。

うまくいく人といかない人では、こうした脳内ストラテジーがあります。

相手の脳内ストラテジーを引き出す

人が高額商品を購入するときにも同じような判断の流れがあります。

まず何を想像して、どんな内的会話をして、誰の情報を求めるのか求めないのか、体感覚を確かめるのか、といったクセがあるのです。

あるパターンで考えるときは高額商品を買う流れになり、パターンに合わなければ「何か違う気がする」と、ブレーキがかかります。

もしあなたが高額商品を販売したいなら、まず雑談に交えて相手の脳内ストラテジーを何気なく聞き出します。

図 17　脳内ストラテジーを引き出す

「社長、最近何か高い買い物しました？」と水を向けて、端緒を開く。

「なるほど、あれって高いけど、すごくいいものですよね」と上手にのせて、脳内ストラテジーを聞き出します。

「ちなみにそれを買うときはどういう情報を聞きましたか？」
「誰かに相談しました？」
「そのときどんな言葉が思い浮かんだんですか？」
「なるほどね」

などと言いながらいろいろ聞き出し、メモをとっておきます。

いざ商談というとき、プロファイルしておいたメタプログラムのパターンに合わせて話を進めます。

脳内ストラテジーがわかると、スタッフの育成などにも、「こういう話し方をするとやる気が出てくる子だ」「こういう作業が向いている子だ」とわかるようになります。

他人のメタ無意識を変える話法

本章の最後に、相手のメタ無意識を変える方法をこっそりお伝えします。

自分の前提が変えられるということは、他人の前提を変えることも可能となります。

ビジネスやスタッフ育成において、他人のメタ無意識を変えることができると、結果が出しやすくなります。

相手のメタ無意識を変える基本対話パターン

もっとも基本的なのは、「ペーシング→ペーシング→リーディング」です。ペーシングとは相手のペースに寄り添うこと、リーディングは相手を望ましい方向へ導くことです。

❶相手のパターンの言葉で肯定する（ペーシング）
❷「そして」でつなげる
❸相手のパターンの言葉で肯定する（ペーシング）
❹「そして」でつなげる
❺新しいパターンの言葉をどさくさに紛れて入れる（リーディング）

あるとき、「貧乏から抜け出したい」という相談者がいました。
その場合はこんな具合です。

「確かに貧乏って嫌ですよね。買いたいものが買えなかったり、いろいろ我慢しなければいけなかったり、つらいですよね」……❶
「そして」……❷
「お金がなくて将来の不安も出てくるでしょうし」……❸
「そして」……❹
「月いくらくらい収入があれば、経済的に余裕があると言えます？」……❺

最初の「貧乏を避けたい」という問題回避型から、「いくら収入が欲しいか」という目的志向型にパターンをすり替えたのです。

同時に、「経済的な不安を避けたい」というゴール前に焦点を当てる「人間重視型」から、「経済的な余裕を感じる」というゴール後に焦点を当てる物質タスク重視型にパターンをすり替えました。

「古い言語パターン→古い言語パターン→新しい言語パターン」と、使い慣れている言葉が2回ほど続くと、脳は油断をします。3回目の使い慣れていない言語パターンに最初は戸惑いますが、最終的に飲み込んでしまいます。

そして、インプットしたものはアウトプットしようとするので、なんとか自分で考えて、答えを吐き出そうとします。吐き出すためには、内側からフィルターの形を変えざるを得なくなります。こうやって慣れていってもらうのです。

第5章

あなたの人生をあやつる「言語」と「脳のパターン」の新常識

自分という名の辞書を編集する

言葉は脳を変え、人生を変える。

ビジネスも健康も、「背景にある思い」に従って現実は変わりますが、そこには物事をどう言語化しているのかが鍵を握ります。

私の最新の研究から、常識と思われていたことのなかに罠があることがはっきりしてきました。

「どういう信じ込みによって思い通りの人生が送れないようになっているのか?」
「どうすればそこから抜け出せるのか?」

その一端をご紹介したいと思います。

人は人生に、自由、愛、幸福、成功、豊かさを求めます。しかし、その定義が間違っていると、思ったような結果が出ません。自分はこの人生で何をしようとしているのか。そこから、自由、愛、幸福といった形が決まります。

自分という名の辞書を定義し直すことが必要なのです。

「自由」を再定義する

自由が欲しい。でも自由でいると、自分勝手だとか自己中心的だとか言われ、嫌われて不都合が起きる。だから自由になってはいけない。

多くの人がそう思っています。

はたして「自由」とは何でしょうか。

辞書には**「束縛されていないこと」**とあります。

確かにそうですが、それでは否定形かつ受け身であり、問題回避なのでそこにとどまったままです。**このように言葉の定義を間違えていると、いつまでたっても自由を感じられません。**

自由とは、誰にも何も言われず、やりたいことが制限なくやれている状態だと私は

思います。

自分が自由でいるためには、他人も自由にさせる必要があります。自分は自分、相手は相手。それが自由でいるための重要な方法の一つです。

そして、過去の身の回りに起きた出来事に、「これは何のために創り出したのか？」（楽観基準＋未来基準）、「これは自分が創り出したものだ」（自分原因型）、「これにより何を得ようとしていたのか？」（目的志向型）というように、効果的なメタ無意識のパターンで過去の出来事の再評価をしていき、**「過去、身の回りに起きたことは、自分の想い・意思・意図でやったことだ」**という感覚を付けておきます。

それにより、様々な思考を抽象化していく無意識は「自分の人生は自分次第なんだ」という重要な前提としての信じ込みや感覚が芽生え始め、人生の様々な場面で「私は自由だ」と感じ始めるのです。

ここで重要なことは、「自由」という存在を追い求めるのではなく、自由を感じる能力、自由を知覚する能力、自由を解釈する能力の存在です。

「自由」とは、未来に求めるものではなく、効果的なメタ無意識パターンの組み合わせによって、過去を再評価・再解釈することにより得られるもの。

つまり、「自由」とは、未来にあるのではなく、過去にあるのです。

「愛」を再定義する

愛とは与えてもらうものであり、「愛されたい」という前提の人が世の中には多く見受けられます。

愛には我慢が必要だという信じ込みの人も少なくありません。メタ無意識がそういう器になっていると、愛し愛されるには相手に合わせなければいけないと思い込み、そのうち我慢の限界から関係性が破壊されることが起きます。

以前、彼氏が欲しいという女性がいました。そこで、私が「あなたにとって愛情がある状態とはどういう感じですか？」と尋ねると、彼女はこう答えました。

「彼氏が私に毎日メールや電話をくれる」
「彼氏が毎日私に好きだよ、愛してるよと言ってくれる」
「誕生日や記念日に何かプレゼントをくれる」
「私を束縛しない」

そこで私は言いました。

「あなたに彼氏ができない原因がわかりました。これらは全部問題回避ですね」

自分は愛されないのではないかという不安があるから、彼氏は電話やメールをすべきだ、愛していると言うべきだという前提が生まれます。記念日に何かプレゼントをすべきだという前提は、そうしないと愛されているのかわからないからです。**束縛されたくないのはまさに問題回避であり、「彼氏を作って愛されたい」＝「避けたいことがある」という二重束縛状態に陥っているのです。**

何かが欲しいと言えば、もう一方では嫌なことを想起してそれを避けなければという潜在意識が出てくる。行動にブレーキがかかっているのに、無理して彼氏を作るので、途中でブチ切れて別れてしまうのです。

そこでもう一度、「何のために彼氏を作るのか」「何のためにパートナーシップを築くのか」と、未来から焦点を当てて、愛を定義し直すことにしました。

たいてい、「自分は愛されなかった」という記憶から問題回避が生まれていることが多く、そういう場合は効果的なメタ無意識のパターンの構成を考え、その効果的なパターンの組み合わせを含めて過去の記憶をやり直します。そして改めて、「愛とはこういうこと。そのために彼氏が必要」と定義し直すのです。

すると、背景（現実を入れる器の形＝メタ無意識の構成）が変わって、周りの人の反応が自動的に変わります。そこで、今度は、どうやって彼氏を捕まえにいくか、そして相手の背景に訴えていく戦略を考えればいいのです。

「幸福」と「成功」の関係

「あなたにとって幸福な状態とは何ですか？」

この質問に答えられない人が、世の中には多すぎます。

幸福の具体的な形がないと、脳は「幸福が欲しいと言いますけど、幸福ってなんですか？」と、何を現実化していったらいいかがわかりません。

自分にとっての幸福の具体的なイメージを、脳に教えてあげる必要があります。幸せの形を目の前にぶら下げておいて、初めて脳は、「必要があるのならそれを集めなければいけませんね」と、身体を動かし始めるのです。

あるアメリカの大学で、全米中の起業して成功した60歳以上の資産家たちを対象にアンケートをとりました。シンプルに、「あなたは幸せですか?」と質問したのです。**結果は、83パーセントの人が「幸せではない」と答えました。**世間的に見れば成功し、充分幸せな人たちであるはずなのに、本人たちはそうは思っていなかったのです。

そこで何が起きているのか、さらに追跡調査をしました。

彼らの背景にあったのは、**「勝ち負けのルールで動いていた」**ということでした。あいつより○○だから私は勝っている。そういった基準は必ず誰かとの比較があり、メタプログラムでいう**他者基準**になっています。そのうえ、勝ったら勝ったで、いつか負けるのではないかという不安がつきまとい、負けたら負けたで勝っている人を妬むということが起きます。

その結果、どちらも自分は幸せではないという感覚を芽生えさせるのです。

さらに幸福ではないと答えた83パーセントの資産家たちの追跡調査をした結果、幸せではない背景に、**「自分が本当にやりたいことではなかった」**という要因がありました。これがうまくいくと思って手を出したら実際成功したわけですが、結局自分がやりたいことをやってこなかった。それゆえに、自分で自分にバチを当てたのではないかと思います。

この調査は、**ウサギとカメの話**を想起させます。

ウサギはカメに勝ってカメを馬鹿にすることが目的であり、「俺は昼寝をしてもカメには勝てる」という思いがありましたが、結局寝坊してカメに負けてしまいます。それに対してカメは、勝ち負けではなく、単純にゴールすることに目的がありました。このお話は、そういうことを暗に教えようとしているのだという気がします。

「アイツに勝った」は、必ずしも成功ではないということです。ビジネスパーソンなら、何が実現されたら成功なのか、自分基準で定義し直す必要があるでしょう。

「時は金なり」の本当の意味

「時は金なり」という慣用句があります。

多くの人が「時間はお金くらい大事だ」という定義になっているでしょう。私もかつてはそう解釈していたひとりです。

しかし、ミリオネアたちにインタビューしていくと、**成功者たちの定義が我々と違うことに気がつきました。**

この定義がずれていると、お金は入ってきません。

時空間がお金に化けるカラクリ

20代のころから、私は成功した起業家たちにインタビューを重ねてきました。

そのなかには、貧困状態のなかであることに気づき、実行し始めたら個人年収が5

年で1億円を突破した人たちが何人かいます。
そうしたミリオネアたちにインタビューさせてもらってわかったのが、「時は金なり」の本当の意味でした。
ある人はこう言いました。

「自分はいつも1カ月先の給料日が待ち遠しかった。給料が入ってくると、家賃を払って、クルマのローンを払って、デート代を払って、すぐ使い切ってしまう。そしてまた1カ月先の給料日が待ち遠しかった」

「そこでふと思ったんだ。**1カ月先の給料日が待ち遠しいから1カ月分の給料しか入ってこないのではないか、**と」

「自分は1カ月先までしか意識が飛んでいなかった。だったらもっと先まで意識を飛ばしたらどうなるだろうかと思い始めたんです」

「次に考えたのが、時間が縦軸だとしたら、私は誰なのかという横軸を広げたらどうなるのかということ。『私はダメな人間』という小さい器でいるのか、『私は素晴らしい人間』という大きい器でいるのか。小さい器で10年後20年後を考えるより、大きい

図18 「時は金なり」の本来の意味

器で10年後20年後を考えたらどうなるだろうか」

「縦軸が時間軸で、横軸が私は誰なのかという空間軸。つまり、意識を飛ばす時空間を広げていった。『私はこういう人』というセルフイメージを広げながら、10年後はどうなるだろう、20年後はどうなるだろう、とイメージしていったら、お金がドンドン入ってくるようになったんだよ」

実は、このやり方で個人年収1億円を突破したのはひとりではありません。そして、1億円を突破するまでかかった年数が平均5年。

私は確信しました。

「彼らは、『時は金なり』の真の意味をつかんだにちがいない！」

自分の意識を広げる時空間の大きさに比例してお金が入ってくる、時がお金に化ける（＝時は金なり）という真実に彼らは気づいたのだと思いました。

10年後、20年後、30年後、自分はどうしていたいのか。私はこんなふうに活動している。それは生きる目的に沿ったものである。そのためにはこれくらいのお金が必要だ。そう決めておく。すると、脳は「わかりました。集めましょう」と動き始めます。そうやってお金が入り始めるのです。

そして、私のトレーニングを受けた方々の中からも続々と1億円プレーヤーが現れ始めたのです。

孫さんは50年後まで時空間を広げていた

数年前、某一部上場企業のＣＥＯの方とお会いしたときのことです。その方は、私と会う数日前にソフトバンクの孫さんとこんなやり取りがあったことを教えてくれました。それを聞いた私は背中がゾクッとしたのを覚えています。

孫さんは、自身が取り組みたいエネルギー問題について語っていました。エネルギー問題を解決するために、「これをこうして……こうやって、そしてこうして……」と、ビジネスの戦略をリアルに詳細に説明されたそうです。あまりにも具体的かつ詳細なので、「それは来年あたりやるのですか?」と質問をしました。

すると、孫さんはこう答えたのだそうです。

「ううん、50年後」

そのCEOの方も、「孫さん、50年後のことを、そんなにリアルに話すんだよ。どう思う?」と、やや苦笑しながら話されたのを覚えています。

やはり、世の中で活躍されている人達は、自分の意識を広げる時空間を大きくさせているということを思い知らされました。

あなたは、10年後、20年後、30年後……自分はどう活躍していたいか？
どの程度の収入を得ていたいのか？
何のためにその状態でいたいのか？

明確にイメージできますか。

その意識・イメージを大きく時空間に広げていく際にも、118〜123ページで説明したようなメタ無意識の組み合わせの自分を大きく時空間に広げていくことが効果的です。

限界を編集して逆利用する

無意識を利用して年収を思い通りに上げていく方法

極貧状態から5年で個人年収を1億円突破した人にインタビューしたとき、こんなやりとりがありました。

「梯谷さんは年収いくら以上は要らないと決めてる？」

「いや、決めてないですよ。あればあるほどいいじゃないですか」

「ああ、梯谷さん、それじゃあ大きく稼げないね」

「え、どういうことですか？」

「私も昔お金がなくて、普通にいくらくらい欲しいというのは漠然としてあった。でもちょっとそれはおかしいんじゃないかと気づいたんだよ」

「はあ……」

「まず、『年収500万円以上は要らない』と呟き始めたんだ。そしてだいたい4000万円くらいまでいくと、今度は『1000万円以上は要らない』と呟き始めた。そして8割くらいいくと、『3000万円以上は要らない』と呟き始めた。いくら以上は要らないと呟いて、どんどん限界を広げることをやっていまに至るんだ」

「…それ、どこで知ったんですか？」

「ギリシャ哲学だよ」

私がインタビューさせてもらったミリオネアたちの共通点として、ギリシャ哲学にみなさん興味がありました。極貧状態でお金はないけれど時間はあったので、図書館に入り浸ってギリシャ哲学を読み返したらこれをひらめいたというのです。

ポイント①限界の8割をクリアしてからさらに限界を広げていく

この呟きには、3つのポイントがあります。

まずひとつ目のポイントは、**8割くらいクリアするにつれ少しずつ限界を広げていくこと。**

限界に近づくことは、知らない世界に踏み込むのと同じです。死後の世界が未知なために死ぬのが怖くなるように、限界に近づくことに無意識は恐怖を覚えます。

個人年収1000万円が限界だと思っている時は、1000万円を超えるとその先に何が起きるかわからないと不安を持ってしまうので、人は限界に近づかないようにブレーキをかけてしまうのです。

だったら、限界を広げておけばいいじゃないかというのがこの戦略です。

限界というと悪いもののように思われがちですが、ミリオネアたちは、「限界って利用するものでしょ」という前提があります。少しずつ枠を広げていくと、ある時から1000万円の限界はただの通過点になってしまうのです。

ポイント②気づいたら呟いてメタ無意識を強化する

ふたつ目のポイントは、**気づいたら呟く**ということ。

普段から人は漠然と、「お金に不安がある」「納期に間に合わない」など、何気なく呟いています。しかも人間はこのような内的会話を1日5万回以上も気づかずに行っているといわれています。**こうした内的会話によってメタ無意識が強化されていくのです。**それならば、目的に合う呟きでメタ無意識を育てていったほうがいいのではないかということです。

ポイント③「〜以上は要らない」という表現にする

3つ目のポイントは、「○○○○円以上は要らない」という表現です。「○○○○円欲しい」ではダメなのです。

これは未来願望型か未来否定型かというメタプログラムの問題です。

「1000万円欲しい」は未来願望型であり、「宝くじが当たったらいいな」と同じ受け身の願望です。こういうとき脳は、「そうなったらいいなと受け身なんですね。それまで昼寝してます。本気になったら協力しますから、起こしてください」と、身体を動かす指令を出しません。

それに対して**「1000万円以上要らない」と呟くと、「ということは、1000万円近くまで必要なんだね」という前提が出てくるのです。この前提がメタ無意識で**

す。**そして、なぜ1000万円必要なのか、理由を教えます。**

脳は願望では動きません。必要性があれば動こうとします。だから「1000万円の宝くじが当たったらいいな」ではなかなか実現しませんが、「今月1000万円を集めないと不渡りになって会社が潰れるぞ」と必要に迫られると、銀行や親戚に頭を下げてまで1000万円を集めようとします。脳が身体を動かそうとする必要性を感じさせる仕掛けなのです。

自分「1000万円以上は要らない」

脳「……ということはその近くまで必要なんですね」

自分「その理由を教える。世の中を飛び回るにはこれだけの経費が必要で……」

脳**「そのために必要なんですね。じゃあそれだけないとまずいですね。情報を集めましょう。この人はいい人脈を持っているから引っ張ってきますね」**

無意識でこういうやりとりが行われます。そして8割くらいいったら、すっと限界を差し替える。元の限界点を通過点にするのです。

図19　思い通りに年収を上げていくカラクリ

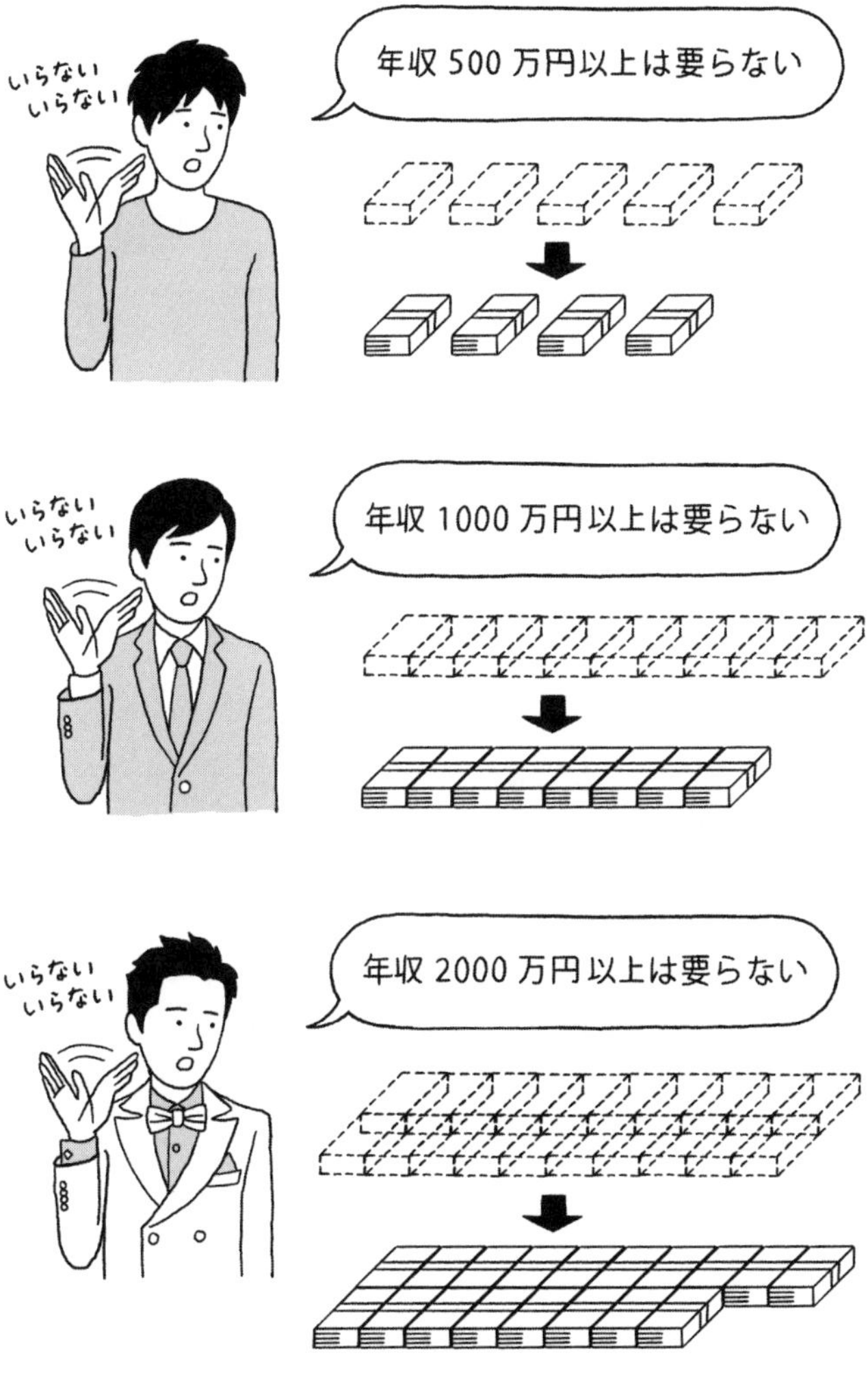

マインドフルネスの意外な盲点

言葉と肉体には因果関係があり、言葉は身体の健康に直結しているといっても過言ではありません。

食事や運動などどんな生活習慣を持っているのかも確かに大切ですが、言葉による物事の定義と脳の動かし方の影響力は比べ物になりません。

しかし、これは多くの人がなかなか気づかないポイントです。

私は病気の方のセッションで、みなさんにどんな日常生活を送っているのか教えてもらいます。マインドフルネスやヨガをやっている人も多く、流行っているなという印象でした。

マインドフルネスやヨガをやっている人に重い病気を発生させる人が多い理由

マインドフルネスとは、「いまに焦点を当てる」「いまのこの瞬間があるだけ」という姿勢です。その感覚をつかむために、「いまどんな感じ?」「いまどうしたい?」とトレーニングするのです。記憶や感情に振り回される人が多い現代社会では、マインドフルネスは非常に有効だと思います。

ただ、身体にいいイメージのマインドフルネスやヨガをやっているのに、なぜ病気になってしまうのだろうと私は不思議でなりませんでした。そこで確かめていくと、あることに気づきました。

『いま』の定義がずれている

瞑想やヨガをしていると、過去のいろいろなことが普通に記憶に甦《よみがえ》ってくることもあります。あのときムカついた、悲しかった……。でも、マインドフルネスは「『いま』に焦点を当てなさい」と教えますから、「これは過去のことだ。いまのことではない。忘れよう」と、蓋《ふた》をしてしまいます。

しかしいまその記憶が甦ったということは、脳のなかでは、「いま起きていること」なのです。だから、「いま起きていること」として扱わないといけません。

せっかく身体が「未完了の記憶があるから処理してほしい」と意識の表面に出してきているのに、「それはいまのことではない、過去のことだから」と排除し続けていると、**「このメッセージに気づかないんだな。だったらもっと強いサインで教えるしかないね」**と、病気を引き起こしてしまうのです。

「いま」に焦点を当てていくことはとても大切なのですが、マインドフルネスを教えている人が、「いま」の定義を間違えていることが多いようです。

いま甦った過去の記憶は、脳にとっては「いま起きていること」です。

そこで私は**「甦った記憶を避けるのではなく、それはそれで処理していってあげてください」**とお伝えしています。すぐに処理しなくても構いません。「気づかなくてごめん。いまの瞑想が終わってから処理をするから待っててね」と、ひとまず置いて、あとから検証すればいいのです。

うつは簡単にやめることができる

日本の自殺死亡率は、主要先進7カ国のなかでも最悪であり、特に20～30代の死因の第1位が自殺という調査結果が出ています。近年の研究では、心の病気と自殺は深い関係があるとして、国をあげて国民のメンタルヘルスをサポートしています。
とくに、うつ病と自殺の深い関連性が問題となっています。

うつ病の原因はじつにシンプル

一般的に、うつ病は原因がわからないとされていますが、メタ無意識のアプローチから考えると原因は明確です。

うつ病の原因とは「隠された怒り」「ぶつけどころのない怒り」です。

この怒りを口で表現できる人はうつになりませんが、口で言えず身体で表現するのがうつです。よくあるのが、会社の方針に納得いかないけれど従わなくてはいけない。下からも「会社の方針はおかしくないですか」と突き上げてくる。そんな中間管理職が、明らかにぶつけどころのない怒りを持って、うつになることがあります。

しかし、メタ無意識から見ると、うつは非常にシンプルです。

そもそも「世の中は思い通りにいかない、自分では何も変えられない」と思っているフィジカル型のパターンに陥っています。過去に焦点が当たり、体験基準になっています。また、「自分は見えない何かに脅かされている」といった他者原因型の信じ込みや、他者基準があります。

うつへのアプローチとしては、まず隠された怒りを見つけにいって、それを口で言うように誘導していきます。ストレートに表現させることもあれば、変化球を使ってとりあえず吐き出させることもあります。

怒りを持ってしまった記憶がムカついたままで終わっているのでダメージを受けているのです。そこで、「いや、実はこういう記憶だった」と、記憶のやり直しをさせます。すると、そもそも怒りを持つ必要はなかった、とメタ無意識が変わり、うつがあっけなく終わっていくのです。

身体にアプローチしてうつ病をやめる方法

身体にアプローチする方法も可能です。

脳は身体の動きを見て「自分がどんな人間なのか？」を決めます。

うつの人は肩が内旋して首もうなだれているので、脳は「私はいま落ち込んでいるんだね、他の部位に指令を出して動かないようにしないと」と認識してしまいます。

そこで、天気のいい日、公園のベンチに座らせて、肩を開かせ、斜め上を見て、口をポカ～ンと開けて、日光浴をしてもらいます。

抗うつ剤はドーパミンやセロトニンを分泌させる薬ですが、こうして肩を開いて斜め上を向いてポカ～ンと日光浴していると、ドーパミンやセロトニンが自然に噴出してきます。

薬を飲んでいると、脳が**「外から与えてくれるんだったら分泌する必要はないね」**と認識していますから時間はかかりますが、だんだん日光浴で戻ってきます。それだけでもうつは終わってしまいます。

健康ブームが病気を作っている

潜在意識は「前提」と「意味づけ」に素直に従う

サプリメントを飲み、良いとされている食材を食べているのに、病気になる人も少なくありません。

そこには、こういう罠があります。

「健康になるため」にこのサプリメントを摂り、食材を食べると、「私は健康ではない」という前提が生まれて、それを認めることになるのです。

サプリメントや食材が悪いわけではありません。意味づけが間違っているだけです。

この罠から抜け出すためには、**「さらに」「もっと」**という発展系の言葉を使います。

「さらに健康になる」「もっと元気になる」、そのためにこのサプリメントを摂る、食

材を食べる。この意味づけであれば、「いまはすでに健康である」という前提になります。

前提は現実化します。

発展系の言葉をつければ、いま健康であるということが現実化するのです。

これはビジネスやお金の話にも通じます。

「お金が欲しい」だと、「いまお金がない、ということを現実化すればいいんですね」と潜在意識は動きます。ですから、**「さらに稼ぐ」「もっとお金を手に入れる」**など、発展系の言葉にしていく必要があります。

糖質制限やマクロビでがんになる人の潜在意識

このように、**前提が現実を作るので、安易に健康ブームに乗っかると、悪循環に陥ることがあるので注意が必要です。**

糖質制限やマクロビを教えている先生のなかには、がんになる人も少なくありません。そういうとき、「食事制限が悪いもの」という前提になっていることがよくあります。

糖分はがんの栄養といわれているので糖質制限をするわけですが、その結果、**「自分に甘さを与えてはいけない、自分に厳しくしなければ、こんな自分はダメだ」**と、自分を責めてしまっているのです。それで人間関係もおかしくなっていく。

そこで、いったん糖質制限をやめてもらうと、健康を取り戻していくケースが多いのです。

確かに余計な糖質を摂る必要はありませんが、むやみに制限するものではないことがわかります。その人にとって必要なもの、摂りすぎないほうがいいものを知るほうがはるかに重要です。

食材を食べているのか、食材についている情報を食べているのか

年末年始にテレビを見ていると、芸能人格付け番組を放映していました。

そのなかに、宮崎県のチャンピオン牛とスーパーで扱っているオージービーフの角切りステーキを目隠しして食べて、どちらが宮崎県のチャンピオン牛か当てるという企画がありました。

そのとき出演していたのが石田純一さん。「僕はブランド牛を食べ慣れているから、スーパーで買ってきた肉と間違えるわけがない」と豪語していたのですが、実際はオージービーフをブランド牛だと間違えてしまい、視聴者を楽しませてくれました。

つまり、人というのは、食材を食べているというより、単純に、イメージを食べているのです。宮崎県のチャンピオン牛だからうまいはず、それを食べている自分はすごい、というイメージを食べているのであって、味はよくわかっていないのが本当の

ところです。

食材が自分に合うかどうかを測れる機械があるそうで、以前がんの人が、「私、豚肉が好きなのですが、機械で測ると豚肉が合わないという結果が出たんです」と言いました。


「ちなみに豚肉にはどういうイメージがあります？」

「肉の中でも安いというイメージです」

「なるほど。ちなみに子供のころ、豚にどういうイメージがありました？」

「実は私、子供のころ、男の子に『豚』と呼ばれていじめられてました」

「だから身体に合わないいんですよ」


豚は安いもので、自分自身も豚と馬鹿にされていたので、彼女のなかでダメなものの代名詞になっていました。

だからそれを食べることは自分をダメにすると解釈していたのです。

でも豚肉が好き。

つまり、豚肉が悪いわけではなく、自分をダメにするために、ダメだというイメージがついたものを食べていたのです。なぜなら私はダメな人間だから。

まさに、食材につけた情報を食べていたのです。

衣服や化粧品などすべて私たちは情報をまとっている

私のプログラムに参加してくれた方で、長年アトピーに悩む30代の女性がいました。あるプログラムの練習で、私は**「あなたは女性としてどう生きたいの？」**と問いかけましたが、彼女には「女性として」というイメージがなかったようでした。

その日から2週間後、再びプログラムの開催日がやってきました。すると、前回まででずっと地味な服装だった彼女が、突然花柄のフレアなワンピースを着てきたのです。

「今日はこのあとパーティーでもあるの？」

「何もないです」

「でも全然服装が違うじゃない？」

「それよりもこれを見てください」

そう言って彼女は腕を突き出してきました。すると腕だけでなく顔の皮膚もきれいになっていたのです。いままでは肌を隠すような少し地味な長袖服しか着なかったのに、女性らしいノースリーブのワンピースが着られるようになったとのこと。

「何があったの？」と私は聞きました。

「いままでは、洋服も化粧品も薬も、肌にいいかどうかという基準で見ていました。前回、女性としてどう生きたいのか問われてから、考え直したのです。肌にいいかどうかではなく、女性として身につけたいかどうかという基準で選び直しました。その結果、持っていたものの8割を捨てて、買い直したのです。それはほとんど肌に悪いと思って排除してきたものでした。でもいい。**私は女性として生きたいからという視点で生き始めたら、こうなったんです**」

まさに我々は情報をまとっています。**肌にいいか悪いかという基準を持ち出すと、「自分は肌がダメなんだ」という前提が生まれます。**女性としてどう生きたいか、身につけるものをどうしたいか、という新しい基準を持ち出したら、肌がきれいになっていった。まさに前提が変わったのでした。

生きる目的に合わせて服装や出入りする店を変えていく

「情報をまとう」というお話をビジネスパーソンに置き換えると、10年後、20年後にどうなっていたいかで、いまのチョイスが変わってくるでしょう。

単純に生活資金を稼ぐためなら、服装も出入りする店も特にこだわらなくていいかもしれません。

でももし人生の大きな目的があるなら、わかりやすくたとえれば「海外を相手にしていくぞ」「こんなすごい人たちを相手にしていくぞ」という志があるなら、服装も、つき合う人も、雑談も考え方も、出入りする店も、生活も変えたほうがいいよね、となります。すると見事に現実が変わり始めます。

人は誰しも価値観に見合った収入を得る

昔、社会心理学の実験でこういうことがありました。

月収も職業もバラバラの5人を集めて半年ほど共同生活をさせました。すると、職種も月収も横並びになってしまったのです。

この実験の面白いところはここからです。

5人のなかから1人だけ抜き出して、月収が3倍の人たち4人と新たに半年ほど共同生活させました。するとまた横並びになり、最初の1人は半年で月収が3倍になってしまったのです。

月収が3倍の人は、3倍以上の**価値観**を持っています。彼らと共同生活することで、自然に慣れてしまって価値観が同じになり、**価値観に見合った収入**になったのです。

成功者の価値観を取り込むもっとも簡単な方法

リクルート・ホールディングス創業者の江副浩正さんは、大学生のとき、普通なら居酒屋でお酒を飲むところを、アルバイト料を貯めて、回数はそんなに行けないけれど、赤坂のクラブに出入りしたそうです。

「この人は社長だな」と見ると、すーっと近づいて**「僕、将来起業したいんです。社**

長がどういうふうに起業したのか話を聞かせてもらえませんか？」と声をかけました。

すると、社長たちも自分の若いころを見ているようで、けっこう話してくれたそうです。

江副さんは成功者たちの価値観を取り込もうとしたわけです。

そうやって作った会社がリクルートでした。

起業したてだった私は、江副さんの本を読んで、「そうか、出入りする店を変えたほうがいいな」と思いました。普段の私は安い居酒屋のチェーン店に友達と飲みにいくのがせいぜいのレベルでした。

そこでどうやったら料亭に行けるのかを調べて、青山のとある店に行きました。ドキドキしながらカウンター席に座ってメニューを見ると、料金が書いていない。わからないからちょっとだけ頼みました。そしてお店の人に「なんで値段が書いてないんですか？」と聞くと、こう答えてくれました。

「お客様が食べたいもの飲みたいものを召し上がっていただきたいんです」

確かに自分は普段、値段で決めていました。**こういうところにくる人は、値段ではなく、食べたいものを食べ、飲みたいものを飲む。そうしたシンプルな基準でメニューを決めていたと学習したのです。**

成功者の無意識の言語パターンや価値観から学ぶ

30年前で客単価1万円。回数はあまり来れないけれど、江副さんのいう通り、こういう店に出入りしたほうがいいと思いました。

ひとりで行っていましたからいつもカウンター席。隣同士何気なく話し始めると、東大の先生だったり上場企業の役員だったり。そこから、彼らが普段、どういうところで物事を判断するのか、やっていることがうまくいっているのか否か、どういう判断基準でとらえているのか、片っ端から考え方を聞いていくことが始まりました。

そのことで、いろんなことがわかってきたのです。

内部で使っている無意識の言語パターンは、普段は表に出てきにくいものの、確かめていくと**「こういう前提で動いている」**というのがあります。

昔から、言語パターンが似ている人は行動パターンが似ていると思っていたので、

図20　成功者の無意識から学ぶ

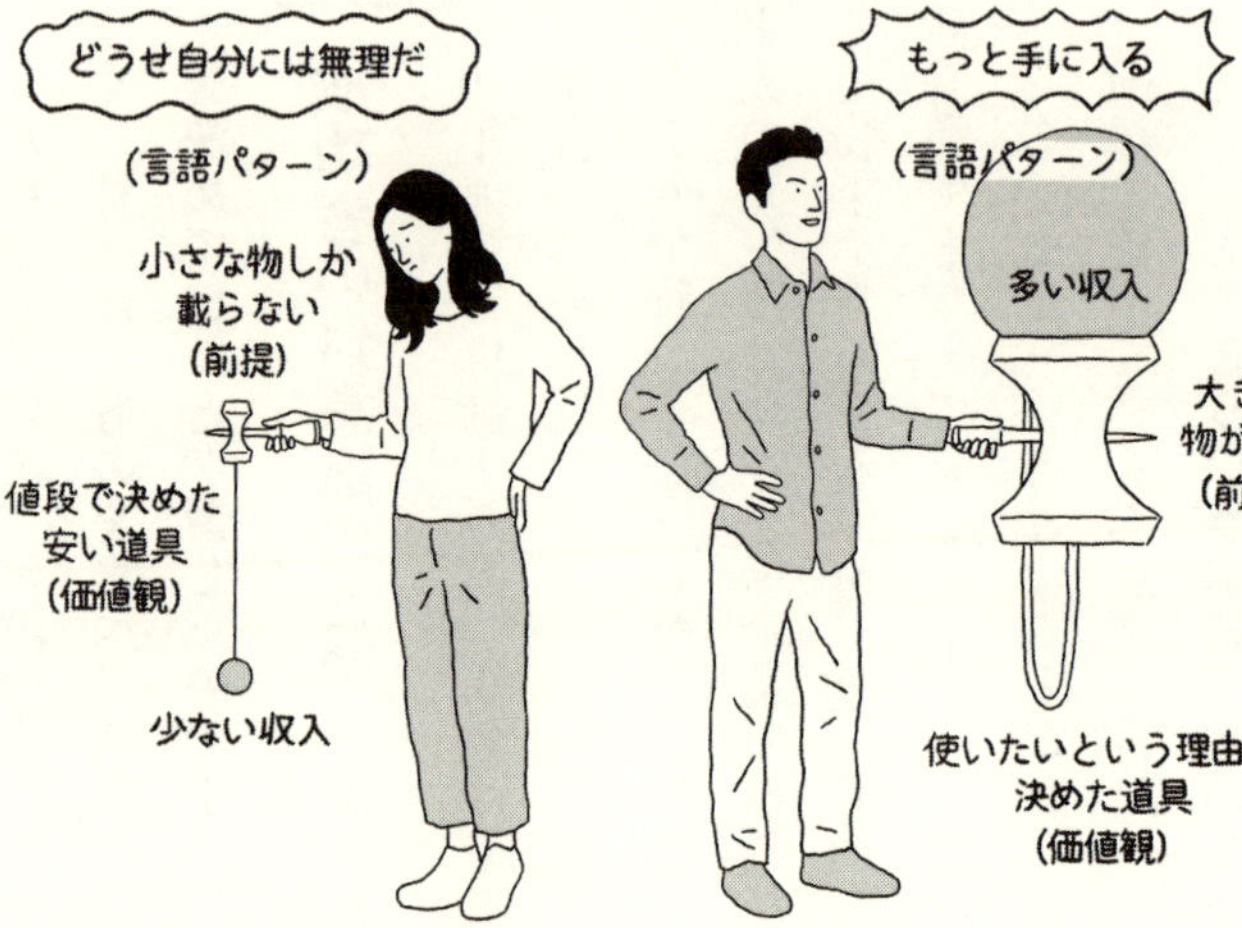

うまくいっている人たちの言語パターンを知りたかったのです。

それを真似し始めたら、うまくいき始めました。それを体系化し、定義し、パターン名をつけて扱いやすくしたのが、いまここに、みなさんにお伝えしているメソッドというわけです。

安いもので済まそうと思うのは仕方のないことかもしれません。

しかし、**「安いもので済まそう＝自分は安い人間だ、いいものを与える価値がない」と繰り返し言い聞かせているようなもの**なのです。

「こういう生きる目的があれば、いまは追

いついてなくても、こういう服装が必要でこういう店に出入りすべきだろう」と変えていく。するとまさに、出会う人たちが変わり、新しいレベルの人たちの価値観が入り始めて、横並びになっていきます。

レベルが変わるとき、慣れない環境に飛び込むので緊張しますが、それを少しずつ慣らしていくのです。

こうしたチャレンジに、遅いも早いもありません。

誰でもいつからでも、自分の生きる目的に沿って柔軟に選択を変えられます。

いまこの瞬間から、思い通りの人生へと歩み始めることができるのです。

おわりに

2011年に『エピジェネティクス 操られる遺伝子』(ダイヤモンド社)という本が日本で出版され、かなりの反響を呼びました。

エピジェネティクスとは、環境や生活習慣、食事、人間関係など、後天的な条件によって遺伝子が書き換わるというものです。

このエピジェネティクスという考え方が発表されたのは約半世紀前だそうですが、当時はかなり批判されたそうです。

新しい考え方は世の中から反発されるのが歴史の常ですね。

発表当初に批判を浴びた理由は、約半世紀前までは、「遺伝子は変えられない」という考え方が主流だったからです。

遺伝子は、生き残りのため「自分を複製する」という生命の究極の目標がありますから、情報を変えることなくそのまま親から子に引き継がれます。ただし生物は、環境に適応して生き残る戦略があるので、受精する前の遺伝子に突然変異が起き、子に新しい遺伝子が受け継がれ、少しずつ変化していくとされていました。

ところがエピジェネティクスは少し違います。

遺伝子は親からそのまま引き継がれますが、環境や習慣に適応し、遺伝子の、ある部分がオンになったりオフになったりするということが解明されました。

つまり、後天的な条件で遺伝子の情報が上書きされ、新しい遺伝子となって、そのときの最適な状態で動き出すというわけです。

現在、エピジェネティクスは遺伝子学のなかでも注目の分野だそうです。

遺伝子は、環境によって書き換わる。

私の言葉で言えば、文化やルールによって、遺伝子は書き換わるのです。

現在私は、社会的課題を解決しようと、「言葉で病気をやめさせる」という試みを実行しています。これは、ビジネスの問題を解決するコンサルティングやコーチングの仕事で、病気になったクライアントやスタッフの相談に乗るうちに発展してきたものです。その背景には、エピジェネティクスや遺伝子学はもちろん、脳科学や心理学、心理技術から学ぶところが多々ありました。

「後天的な条件によって遺伝子は情報を書き換える」
「たとえばがん遺伝子がオンになってしまったとき、それが周囲に反応した結果であるなら、そのスイッチは、世界や人生をどうとらえているかという内的環境に鍵があるはずだ」
「そこには何か無意識レベルの戦略があるだろう。それがわかればスイッチをオフにだってできるはずだ」

こうして言葉と心理技術を使い、セッションを試行錯誤するうちに、数年で病気をやめていく人が200人に上るようになってきました。

言葉と身体、そして健康やビジネスの成功。

これらが相互に影響を与え合っていることは確信しました。

ただ、その医学的、生理学的な仕組みがよくわかっていません。

そんな私の研究や試みに、東京大学大学院のある研究者が共感してくれて、その裏付けの研究をしてくれることになりました。私も解明してほしいと思っていたので、東京大学に研究助成金を出資し、協力しています。

これまでの公立大学の研究は、国や企業からの研究資金で賄われてきました。研究用のラットは特別に遺伝子操作されたもので、1匹10万円以上もします。研究にはお金がかかるうえに、研究成果がどう生かされているのか、一般人には見えにくいところもありました。

これからは、クラウドファンディングのように、一般の人も「その研究、面白そう！」と思ったら、少額でも出資でき、研究結果がフィードバックできるような、オープンな仕組みも生まれてくるのではないでしょうか。

私の行動がその先鞭となればと思っています。

いま、世界が大きく変わろうとしています。

たくさんの発見や発明がなされ、サイエンスに限らず、ビジネスでもスポーツでも、あらゆる分野で新しい結果に塗り替えられています。人工知能にしろスポーツの世界記録にしろ、枠にとらわれず、本気で挑戦することで、これまで無理だと思われていたことが現実のものとなっているのです。

いかに脳を学習させるか。

それ次第で、お金も健康も人間関係も、なんとでもなってしまうのです。なぜならば、人間は内的環境によって自分の遺伝子さえもオンとオフの切り替えができるのですから。

自分一人では何も変えられないと思い込む脳でいくのか。

自分一人でも面白がって挑戦し、変化を作り出そうとする脳でいくのか。

どっちの脳でいくかはあなたの自由です。

でももし、面白がって変化に挑戦したいと望むなら、私のアイデアをどんどん使っ

てください。きっと力になれると思います。

最後までお読みくださり、ありがとうございました。

せっかくですので、読者特典としてご用意した動画をご覧になり、エクササイズに挑戦してみてください。

あなたのメタ無意識がトランスフォームし、思い通りの人生を歩めることを、心から願っています。

梯谷幸司

【著者プロフィール】

梯谷幸司（はしがい・こうじ）

心理技術アドバイザー／メンタルトレーナー
トランスフォームマネジメント株式会社代表取締役
トランスフォーミング・ワークス代表
人間心理、言語心理学、催眠療法、NLP（神経言語プログラミング）など、これまで世界的な専門家に師事し、30年以上の歳月をかけ、科学的手法に基づいた独自の成功理論「梯谷メソッド」を確立。
夫婦問題からうつ病患者、経営者、アスリートにいたるまで、クライアントの抱える先入観や思い込みを素早く特定し、脳の95%を支配する潜在意識をフル活用させ、精神的、身体的苦痛を伴わずに、のべ4万8000人のセルフイメージを変革してきた。
わずか30分で成功者ゾーンに意識変革させるその手法は、経営者やビジネスマンからも「きわめて再現性が高い」と絶大な支持を得ている。一方、NLPをベースにした言葉と行動の関係理論「LABプロファイル」のトレーナーとして、日本での普及活動に注力。
20年超にわたるキャリア、起業家からアスリートまで、幅広いクライアントとのセッション経験を武器に、外資系企業へのコンサルティングや研修事業なども行う。一般向けにはワークショップを精力的に開催しており、口コミにより受講生が集まり、つねにキャンセル待ちの盛況ぶり。
独自の心理技術については、東京大学大学院の教授も共感し、脳報酬系による免疫システム活性化の検証など、2018年より東京大学大学院で心理技術の裏付けとなる研究も始められるなど、専門分野を横断した新しい研究にも精力的に取り組んでいる。
著書に『“偽りの自分”からの脱出』（幻冬舎）、『本当の自分に出会えば、病気は消えていく』（三笠書房）がある。

なぜかうまくいく人の
すごい無意識

2018年11月1日　　初版発行
2018年11月9日　　2刷発行

著　者　梯谷幸司
発行者　太田　宏
発行所　フォレスト出版株式会社
〒162-0824 東京都新宿区揚場町2-18　白宝ビル5F
電話　03-5229-5750（営業）
03-5229-5757（編集）
URL　http://www.forestpub.co.jp

印刷・製本　萩原印刷株式会社

ISBN978-4-86680-008-0　Printed in Japan

本書をお読みくださった
みなさんに、スペシャル動画と
エクササイズをプレゼント！

なぜかうまくいく人のすごい無意識

購入者無料
プレゼント

～4万8000人の人生を変えたメンタル・トレーナー、
心理技術アドバイザーの梯谷幸司がここだけで教える～

✔あなたの限界を0.5秒で壊すエクササイズ解説動画＆
✔脳にミリオネアセンスを宿らせる書き込み式エクササイズ（PDF）

メタ無意識をほんの少し調整するだけで、脳はあっさりとミリオネアセンスを獲得します。ビジネスもプライベートもすべてスムーズに変化するエクササイズで、あなたもミリオネアの道を歩みませんか。

実践者から
喜びの声続出

「個人年収700万円が、2週間で2000万円に！」
「売上1億円突破しました！」
「ミリオネアは必死で頑張るものではないんですね！」

＊動画・PDFファイルはWeb上で公開するものであり、小冊子、CD、DVDなどをお送りするものではありません。
＊上記特別プレゼントのご提供は予告なく終了となる場合がございます。あらかじめご了承ください。

▼読者プレゼントを入手するにはこちらへアクセスしてください

http://frstp.jp/muishiki